INTRODUCING FOUCAULT: A GRAPHIC GUIDE by CHRIS
HORROCKS, ILLUSTRATIONS BY ZORAN JEVTIC.
Copyright: TEXT AND ILLUSTRATIONS ©2013 ICON BOOKS LTD.
through BIG APPLE AGENCY, INC., LABUAN, MALAYSIA.
Simplified Chinese edition copyright:
2022 SDX JOINT PUBLISHING CO. LTD.
All rights reserved.

福 柯

Introducing Foucault

克里斯·霍罗克斯（Chris Horrocks）/ 文
佐兰·耶维蒂克（Zoran Jevtic）/ 图
徐晶、吴琼 / 译

Simplified Chinese Copyright © 2022 by SDX Joint Publishing Company.
All Rights Reserved.

本作品简体中文版权由生活·读书·新知三联书店所有。
未经许可，不得翻印。

图书在版编目（CIP）数据

福柯／（英）克里斯·霍罗克斯文；（英）佐兰·耶维蒂克图；徐晶，吴琼译. —北京：生活·读书·新知三联书店，2022.3 （2025.5 重印）
（图画通识丛书）
ISBN 978-7-108-07331-0

Ⅰ．①福… Ⅱ．①克… ②佐… ③徐… ④吴… Ⅲ．①福柯，M.（1926～1984）－哲学思想－研究 Ⅳ．① B565.59

中国版本图书馆 CIP 数据核字（2021）第 249173 号

责任编辑	周玖龄
装帧设计	张　红　李　思
责任校对	曹忠苓
责任印制	卢　岳
出版发行	生活·讀書·新知 三联书店
	（北京市东城区美术馆东街 22 号 100010）
网　　址	www.sdxjpc.com
图　　字	01-2018-7190
经　　销	新华书店
印　　刷	河北松源印刷有限公司
版　　次	2022 年 3 月北京第 1 版
	2025 年 5 月北京第 2 次印刷
开　　本	787 毫米 × 1092 毫米　1/16　印张 5.75
字　　数	50 千字　图 181 幅
印　　数	6,001-9,000 册
定　　价	39.00 元

（印装查询：01064002715；邮购查询：01084010542）

目 录

001 我，米歇尔·福柯……
002 福柯是作者吗？
003 一个跨话语的人
004 福柯的计划
005 福柯的虚构
006 天主教阵营和唱诗班
007 战争！
008 巴黎：前100名
009 黑格尔（1770—1831）
010 伊波利特和黑格尔
011 黑格尔的返回
012 福柯的学生时代
013 同性恋者福柯
014 哲学潮流……
015 现象学
016 科学及其认识论
017 作为活动的真理
018 "康"
019 福柯的计划成型
020 福柯的经验史
021 政治倾向
022 遭受打击
023 转向心理学？
024 实验性的梦？
025 心理学和海德格尔
026 疾病与马克思
027 山巅之爱
028 瑞典！
030 乌普萨拉图书馆——疯癫的诞生
031 草率的福柯
032 泥浆摔跤
033 1960—1961：日新月异
034 从哲学到疯癫
035 《疯癫与文明》（1964）

- 036 愚人和非理性
- 037 古典时代
- 038 1. 中世纪的疯癫与死亡
- 038 2. 文艺复兴时期的愚人
- 039 愚人的真理
- 040 3. 古典时代的大禁闭
- 041 资产阶级的道德
- 042 如动物一般
- 043 改革、精神病医院和心灵的捕获
- 044 4. 1900年和弗洛伊德巫术
- 045 批判性的接受
- 046 反精神病学
- 047 福柯和德里达,1963年
- 048 克莱芒-费朗大学:冲突开始
- 049 语言与文学
- 050 医学与方法论
- 051 医学知识的变异
- 052 结构主义
- 053 知识与分类
- 054 症状
- 055 解剖学:尸体的技术
- 056 人与死亡
- 057 巴特的嫉妒
- 058 尼采的拯救
- 060 不仅仅是知识
- 061 词与物
- 062 关键词:1. 考古学
- 063 关键词:2. 知识型
- 064 分类或类型化
- 065 文艺复兴时期的知识型
- 066 古典知识型
- 068 古典的记号
- 069 无主体的表征
- 070 19世纪:从秩序到历史
- 071 人作为现代客体
- 072 概要
- 073 人及其双重性
- 074 人文科学何以是合理的?
- 075 人的终结——主体实现了吗?
- 076 批评
- 077 这不是一只烟斗
- 078 图像与文本
- 079 从马格利特到沃霍尔
- 080 突尼斯!1966年
- 081 战斗
- 082 结构的空间
- 083 《知识考古学》(1969)
- 084 话语

085 话语规则	110 微观力学
086 话语创造对象	111 酷刑作为奇观
087 福柯与阿尔都塞	112 挽救灵魂
088 反对结构主义	113 资产阶级的方法
089 对考古学的接受	114 规则和规章
090 1968年：动荡的巴黎	115 温驯的身体
091 文森：亮相	116 边沁的敞视监狱
092 1969年1月：文森的仇恨	117 监狱为什么失败了？
093 伊波利特离世	118 权力/知识
094 求真意志	119 赞扬和批评
095 新术语：谱系学	120 西班牙的生命法西斯主义
096 谱系学对抗历史	121 1976年，性史
097 何谓作者？	122 性与权力
098 东京：1970年	123 忏悔的动物
099 搬家	124 压抑假设
100 福柯反对乔姆斯基	125 性管理
102 政治介入	126 倒错的灌输
103 政治忠诚	127 同种和性的分类
104 阿提卡	128 20世纪：揭示一切
105 被谋害的矿工女儿	129 鲍德里亚事件
106 被杀害的移民	130 福柯的美国
107 同性恋行为	131 施受虐：超越欲望
108 我，皮埃尔·里维耶	132 盲点
109 规训与惩罚	133 儿童性虐待——同意吗？

134 禅技巧

136 伊朗的错误

137 惯犯

138 反对社会党

139 美国声誉

140 回到启蒙

141 走向现代性

142 反对福柯

143 快感及其运用

144 某些希腊流行词

145 伦理关切

146 家政

147 男童之爱

148 男童和老男人

149 与真理的关系

150 主体的返回?

151 自我关切

152 自我教化

153 Oneirocriticism：释梦

154 走向婚姻

155 政治性的自我

156 身体与自我

157 养生

159 心灵的工作

160 不完美的男孩，还是完美的妻子?

161 不用害怕

162 作者之死

163 艾滋病

164 未完成的著作

165 剖析福柯

166 福柯的失败

167 矛盾

168 天真的政治?

169 怀念福柯

170 逝者归来

173 延伸阅读

174 鸣谢

175 索引

我,米歇尔·福柯……

要发现真实的米歇尔·福柯,就必须问:是"哪一个福柯"?

我们应当读他本人的生平吗?他还是孩子的时候想成为一条金鱼,但后来成了哲学家和历史学家,成了政治活动家、皮革王后、畅销书作家、不知疲倦的持不同意见的斗士。

别问我是谁,别要求我一成不变。

他的文学才华和卓绝的历史探究相得益彰,他作为意大利面厨师的出众手艺,他令人痴迷的演讲风格,他对同性性爱的激情,他偶尔的毒品吸食,他充满讥讽的幽默感,他的好胜心和火暴的脾气,以及他来自一个医生家庭和对母亲的无比挚爱,所有这一切究竟意味着什么?

福柯是作者吗?

我们应当将米歇尔·福柯看作一个**作者**吗?他的作品是非凡的洞见和散漫的细节的结合,是当代哲学实践和细致地取自无数历史档案的考古学的联姻。还有,面对其理论立场在学术生涯中的巨大转向,我们应当无视哪些东西?

福柯自己质疑**作者身份**的含义——声称那不过是一种功能,它消解或隐藏了许多相互矛盾的东西。

我们必须废止寻找作者权威的习惯,转而呈现话语的权力是如何遏制作者和他的言语的。

因此,福柯不愿意写自传,也不愿意别人写他的传记。但在他死后,许多人还是写了。

一个跨话语的人

福柯发明了一个词:"**transdiscursive**",用来描述——例如——福柯何以不只是一本书的作者,而是一个理论、传统或学科的作者。

我们至少可以说他是一种历史探究方法的创始人,那一方法已对主体性、权力、知识、话语、历史、性、疯癫、惩罚体系等等产生了深远的影响。因此有了"**Foucaldian**"(福柯式)这个术语。

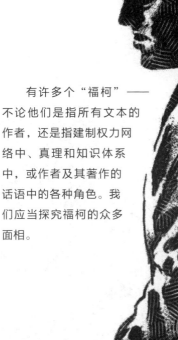

有许多个"福柯"——不论他们是指所有文本的作者,还是指建制权力网络中、真理和知识体系中,或作者及其著作的话语中的各种角色。我们应当探究福柯的众多面相。

福柯的计划

福柯力图解释人类是以何种方式"历史地"成为政治、科学、经济、哲学、法律、社会话语和实践的**主体**与**对象**的。

> 我的基本问题是:"是何种理性形式和历史条件导致这一结果的?"

但福柯没有在孤立的哲学情境中考察主体性的观念。他把它和各种区隔实践联系在一起,甚至**知识**和**权力**是通过**区隔实践**生产出来的,例如精神病学对疯癫者和健全人的区隔。

然后是**科学的分类**:科学把个体归类为生命主体(生物学)、劳动主体(经济学)和语言主体(语言学)。

还有**主体化**:个体把自己变成健康的主体、性主体、行为主体的方式。

福柯的虚构

"在我的书中,我喜欢利用收集到的材料进行虚构,我故意用真实的材料制造虚构的结构。"

不妨"虚构"一个福柯的生平,将其变为对福柯及其著作或作品的一种传记解释。

1926年10月15日,保罗-米歇尔·福柯诞生于法国保守的城市普瓦捷,母亲是安娜·玛拉佩特,父亲保罗·福柯是一名富有的外科医生。保罗-米歇尔·福柯有一个姐姐弗朗西奈和一个弟弟德尼斯。

> 我的每部作品都是我的自传的一部分。

福柯棕色头发、大鼻子、蓝眼睛,他不喜欢保罗-米歇尔这个名字,因为不怀好意的孩子会故意读作"Polichinello"(冲压机)!所以他改名叫"Michel"——也许是为了表达对母亲的爱,后者在他生日的时候一直使用这个名字。

天主教阵营和唱诗班

福柯是天主教信徒,后来他说他很享受天主教阵营的仪式。甚至有段时间他还参加了唱诗班。

1930年,保罗-米歇尔在亨利四世中学注册接受早期教育。

因为我想和姐姐在一起。

他是一个遵守纪律的学生,对他的阶级而言,知识意味着社会进步。

1932年他转为学校正规生,并一直到1936年。就在1936年,他目睹了因西班牙国内战争涌入的难民。

他特别喜欢骑自行车和打网球,但他的眼睛近视,经常看不到球。他喜欢步行到剧场看演出,偶尔也去电影院。

一个十足的资产阶级童年……是吗?

米歇尔,看到我新买的鞋子了吗?

他转到教会的圣斯坦尼斯拉学院,并获得历史、法语、希腊语和英语等课程的奖学金。

1942年:开始正式的哲学学习。

1943年6月:通过高中会考。就前程问题和父亲发生争执。医生?米歇尔·福柯不愿意,他想进负有盛名的学术殿堂——巴黎高等师范学校。

巴黎：前100名

经过两年的学习，福柯参加高师的入学考试，他必须考进前100名才能进入面试。结果他考了第101名。但父母的影响力为他争取到了进入巴黎拉丁区亨利四世中学的机会。福柯启程前往巴黎。

我搬到拉斯拜尔大道一个又冷又偏的出租屋，为通过高师的考试发疯般的学习。

让·伊波利特（1907—1968），法国的黑格尔哲学研究专家，曾短暂地教过他。

福柯喜欢历史，伊波利特启发他，哲学能解释历史。

但历史是朝向理性的渐进过程吗？哲学有界限吗？

黑格尔（1770—1831）

黑格尔认为现实的即为合理的，真理即"全体"——一个宏大而复杂的体系，黑格尔称之为"绝对"。他相信"心灵"或"精神"是终极现实。心灵具有一种逐渐展开的自我意识，哲学要求我们发展全体的自我意识，帮助我们摆脱局部知识的**非理性**和矛盾。

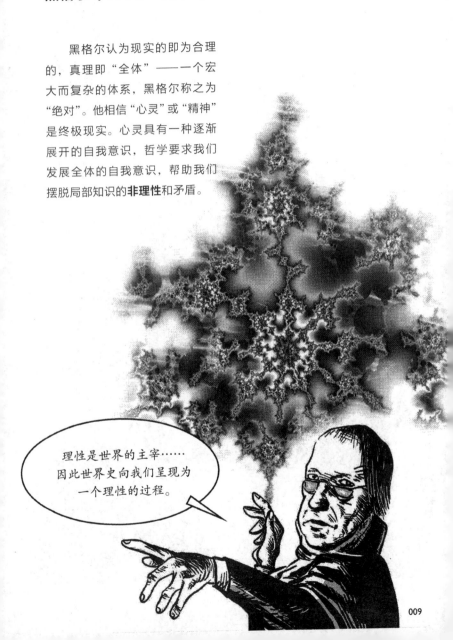

理性是世界的主宰……因此世界史向我们呈现为一个理性的过程。

伊波利特和黑格尔

哲学家亚历山大·科耶夫（1900—1968）让黑格尔摆脱了浪漫主义者的认知，后者将黑格尔视作体系笨拙的创造者。

黑格尔就这样变成了现代的！

这一"法国化"的黑格尔有着全新的锋芒。

对黑格尔的现代阅读告诉我们，哲学不是那种追求完成的历史观，而是需要在无限远景中付诸实施的永久任务！

历史不是可预言的机械论，而是主奴关系的残酷世界中充满任意性的斗争场所。

福柯喜欢这个暴力版的历史。

黑格尔的返回

黑格尔已尝试探究**非理性**并试图将其纳入某一广义的理性中。但寻求一个总体体系来吸纳非理性,这还是现代哲学的任务吗?

> 我欣赏黑格尔提出的问题,但对提供一个一般的历史理论没有兴趣。我把那一任务留给了马克思主义者。

福柯并未拒绝**理性**本身,但他拒绝将它看作历史的"出口"或必然结果。他对哲学的介入不是要提供一个体系作为知识或真理得以可能或可以依赖的条件(像康德那样),而是要考察理性的历史效果、它的界限以及它的代价。

福柯的学生时代

1946 年 7 月,福柯参加入学考试,考到第四名。巴黎高师指日可待!

在巴黎高师的生活并不平静。福柯不太合群、喜好争辩,身体状况也不理想,沮丧抑郁。这所名校激烈的竞争环境也起不到帮助作用。不过福柯刻苦勤奋。他的同学讨厌他,认为他是个疯子。

他用剃须刀划伤自己的胸部,挥舞凶器追打同学。1948 年,他试图服药自杀,并第一次接受精神病治疗。

但我十分恼火,在主治医生度假的时候,我从精神病医院逃跑了!至少因为"疯癫",高师精神病医院为我提供了一个私人房间。

同性恋者福柯

虽然如此,但高师生活也不全是眼泪。福柯喜欢开玩笑,擅长用湿毛巾跟人打斗。有一次,他甚至爬上屋顶去偷图书馆的书(哇!)。他的绰号叫"Fuchs"(狐狸),因为他身手敏捷,智商高。

> 我是同性恋者,青春期的时候就有过开放的性行为,但对我爱的男人必须小心翼翼。

性丑闻贯穿他的一生。

当时高压的法规宣称在公共场所和同性共舞也是一种冒犯。福柯的秘密生活后来在他讨论"僭越"、性、快感和身体的作品中有所暴露。

哲学潮流……

福柯对法国两个主导的哲学潮流有兴趣。

有关经验、主体、意义和意识的哲学——**存在主义**和**现象学**。

存在主义者让-保罗·萨特（1905—1980）的著作所提的问题是：作为一个人该如何存在，个体如何体验他的存在，他们如何做出选择，如何处理自由和真实性。

马丁·海德格尔（1889—1976）强调**存在**而不是生存。

世上没有意义是先验的或先天的，意义源自生存。这是一种以主体为基础的哲学。

我拒绝能思的主体和客观的外部世界之间的常规区分。我们是在世之在。

因此人栖居于生活——我们拣选万物，叩问万物，商讨万物。

福柯认为这一**此在**分析可提供一套工具，借此，例如精神病患者的存在就是理解精神病世界的核心。

现象学

现象学是探究事物——客体、形象、观念、情感——在"意识"中显现或呈现的方式。

现象学的探究不是脱离对事物的意识来言及对象的状态。它悬置对象"本身",且只关注我们的对象"经验"。

有些纯粹现象学,如埃德蒙德·胡塞尔(1859—1938)的现象学,寻找人类知识的基础。

我们必须排除掉有关意识内容的所有假设和理论,以便找到构成所有可能的内心经验的先天结构或意识形式。

莫里斯·梅洛-庞蒂(1908—1961)的现象学试图**描述**个体经验空间、色彩和光的时候的知觉。

现象学家对解释没有兴趣,他们只想**直接**经验!

科学及其认识论

科学史和科学哲学。

认识论是有关知识的理论。这一学科探究何谓知识,怎样才能算作知识,知识在包括科学在内的领域是不是确定的。

加斯通·巴什拉(1884—1962)和亚历山大·柯瓦雷(1892—1964)是科学哲学家和科学史家,他们强调的是"概念""体系"和"结构"的作用,而不是生命意识或意识在世界中的反映。

> 我们关心的是科学对象、科学概念及理论如何被建构。

> 我们的问题是:"何谓科学史?错误在真理探究中发挥了什么样的作用?"

作为活动的真理

他们不是把科学和知识视作客观的或永恒的"真理",而更多视作**不连续**的"共同体"建构真理的活动。巴什拉尔强调科学实践的问题,而柯瓦雷致力于消除理论具有客观有效性的观念。

甚至最可信的"真理"也不为科学共同体自动接受。

托马斯·库恩(1922—1996)强调,是蓄意的竞争部分地建构了所谓的科学真理。

他们的工作质疑了理性主义的和客观的科学诉求,虽然他们一直寻求按照科学的规则、结构或心理学来"解释"科学。

"康"

问一个简单的问题:"什么是心理学?它是一门科学吗?"

我要特别感谢主考官和科学史家乔治·康吉莱姆(1904—1995),后来我们成了好朋友。

康吉莱姆攻击心理学对自己的状况一无所知,如它赖以建构知识的基础和手段。

心理学家无法严谨地界定其研究对象。心理学是经验主义的合成,是为教学目的而进行的文学化的编码,而且它是一种监管学科。

科学是对合理性的探究,但应该"历史地"看待这一点。

科学真理不怕争辩,但"实际"并非如此,因为它们的产生靠机缘。因此应把科学知识看作组织化的、操作性的和从属于变化的,它不会"一劳永逸"地存在。

福柯的计划成型

福柯的想法是采用科学史中的术语和方法,将其应用于另一个哲学对象——**人类主体**。

> 人类主体是如何将自身纳入可能的知识的对象的?

> 通过什么样的合理性形式和历史条件?还有最后,需要什么样的代价?

福柯对研究作为知识之基础的经验没有太大兴趣。那一研究太过集中于主体,认定人们可以回溯到先天的或固有的意义结构。

因此,福柯对经验的界定——例如疯癫或性经验——依据的是"历史地"建立的个体经验和这一经验在哲学和科学话语中的确立方式。

福柯的经验史

福柯建立历史和经验的联系,历史不再是经验的对立面。

> 我好奇的是有没有可能思考经验形式的历史性。

经验史使"历史学家"福柯和"哲学家"福柯合二为一。哲学不是对自身的探究,而是将哲学理解为人的科学:语言学、心理学、社会学。知识和经验是如何联合起来形成明显客观的、以人为对象的观念的?如果我们无法把经验视作既定的真理,则对科学方法的质疑有可能迫使我们去问:何种条件下我们可以把(自我或世界的)知识视作可靠的?还有没有其他要素的作用?

多年之后,这些问题才出现在福柯的著作中。同时,他一直在研究这些问题。

政治倾向

1950年，在患有抑郁症的导师、马克思主义者路易·阿尔都塞（1918—1990）的建议下，福柯加入法共。这是一个斯大林主义的政党，其势力的壮大主要得益于在战时抵抗运动中获得的信任。

他不是很投入，极少参加集会。

> 我对经济状况决定社会和政治生活的信念不是很上心，但这个信念对法共的反犹宣传和它所支持的无产阶级理论至为关键。

是这样吗？斯大林主义的生物学家 T. D. 李森科（1898—1976）认为生物世界的特征是被遗传的和被决定的。

福柯开始认为科学知识是跟**权力**而非**真理**相联系的。

而且按照法共的教条，他的同性恋倾向跟"资产阶级的堕落"臭味相投。

遭受打击

1950年春,福柯参加期末考试,写作过关,但有关"假设"的口语考试失利,他太卖弄了!

1951年,他终于通过了,但窝火的是,他必须用口语发表对"性"的看法。他还不太清楚这个主题对他将是多么重要。

1951年他假装患有抑郁症以躲避服兵役,然后开始着手撰写博士论文,这一研究受到梯也尔基金会的支持。他不太受欢迎,出现了一些小意外,于是躲到里尔大学,一年后,获得助理教授之职。

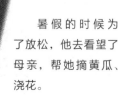

暑假的时候为了放松,他去看望了母亲,帮她摘黄瓜、浇花。

转向心理学？

丹尼尔·拉加什（1903—1972），1947年培养了法国第一个心理学博士，1949年福柯聆听他的演讲，他说服福柯参加心理学课程。福柯还参加了体制心理治疗的创始人乔治·杜梅宗和精神分析学家雅克·拉康（1901—1981）的演讲。

实验性的梦？

福柯与实验心理学有点格格不入。他认为精神病学家和家庭世交雅奎林·维多对"赞美诗交响曲"听众的呼吸节奏的研究是无稽之谈，就像拉康哲学的自命不凡一样。

不过，他协助维多翻译了路德维格·宾斯旺格（1881—1966）的《梦与存在》并撰写"导言"。这个工作比较接近福柯的品性。这本书是"此在分析"——海德格尔式的存在主义心理治疗。宾斯旺格说：

> 梦是人类存在的一种特殊模式，它不是愿望的达成，而是基本结构的达成。

> 跌倒的梦实际上意味着我们的存在正经受挫折和痛苦。梦简直就是它的演练。

> 我认为生存分析有助于限定和更好地确定学院派累赘而强迫的精神病知识到底是怎么回事。

心理学和海德格尔

1953 年,福柯写作了《1850—1950 年的心理学》,这本书反映出他想要解决心理学作为以人的生存为对象的科学的地位。

福柯声称心理学的历史是矛盾的:它想成为一门客观科学——就像生物学那样——但它也认识到人类现实不只是"自然客观性"的一部分。

人如何把"经验"置于显微镜下?

心理学唯当返回人的存在状态和最具人的意义亦即人的历史中的时候才是可能的。

1954 年福柯《精神疾病和心理学》的出版就是想要探讨不同的心理学方法——现象学的、存在主义的和马克思主义的。

疾病与马克思

在这一马克思主义式阅读中,疯癫被视作同自身及历史相**异化**的结果,因为物质条件是无法解决的。

这不是因为人病了而异化,而是因为人异化了才生病。

当下经济决定的社会关系,虽然带着竞争、剥削、帝国主义战争、阶级斗争等伪装,却给人提供了对人类环境的体验,这一环境一直被矛盾所缠绕。

变革社会环境中的关系将可以一举解决疾病。

福柯反对从否定的方面看待心理疾病,他说,尽管心理学已经从讨论进化(科学)转向了讨论人(历史),但它仍取决于"形而上学"或道德的偏见。

山巅之爱

1950年代初,福柯和年轻的音乐天才皮埃尔·布列兹活跃在同一个圈子。福柯跟年轻的作曲家让·巴拉奎(1928—1973)也有接触并有过一段热烈的情史。他们都喜欢海德格尔和尼采。福柯为后者的音乐生产提供文学观念。

他也结识了历史学家保罗·韦恩(1930年出生),韦恩后来对福柯的性史产生了巨大影响。

韦恩发现福柯特别讨厌女人,福柯则认为韦恩的异性恋太过枯燥乏味!

1955年12月,福柯回到巴黎过圣诞节,跟巴拉奎的情史不欢而散。

瑞典！

1955年8月，通过印欧宗教和神话学专家乔治·杜梅泽尔（1898—1986）——"教授"——的推荐，福柯受邀到瑞典乌普萨拉大学罗马研究系任职。杜梅泽尔是**结构主义**早期形式的运用者。

他的工作集中于不同文化之间和文化内部普遍不变的关系的组合。

福柯成为法语助教，讲授语言和文学。他也是法国使馆的文化参赞。

他认为瑞典的社会禁锢不像法国那么强，但大学十分严格，夜生活受到管制。

生活真是乏味。

福柯后来说，某种自由与直接的社会压制都同样是限制。

福柯擅长烹饪，喜欢呼朋唤友共度良宵。他酗酒，还喜欢夜游，以打发漫漫长夜的寂寞。

他用家里的钱买了一辆棕色美洲豹跑车，时常把车开到野外，因为他便溺频繁。他也经常到斯德哥尔摩旅行，那里有他的交际圈，有温情款款的莫里斯·卡瓦利埃（1888—1972）的段子和小调。

他讲授"法国文学中爱的概念：从萨德到热内"，听课的主要是女生。

我邀请嘉宾到法国使馆演讲，包括符号学家罗兰·巴特（1915—1980）。

在人生的这段岁月，我是一个自由作家。福柯和我成为亲密的朋友——偶尔还是恋人。

乌普萨拉图书馆——疯癫的诞生

福柯在主藏医学及相关主题文献的瓦莱里亚纳图书馆工作。他最初的工作计划是什么？

希腊思想已经打开了空间内部的疯癫和非理性经验。

他决定以此作为博士论文的主题,但在乌普萨拉的经验主义看来,这太理论化,太像文学作品。福柯试图为自己的立论找到支撑。

那不是精神病科学的发展史,而是该科学在想象的道德和社会语境中得以展开的历史。并不存在客观的疯癫知识,而只有对某种经验的表述。不是这样吗?

草率的福柯

福柯搬到华沙法兰西中心。波兰条件恶劣,它还没有从"二战"中恢复元气。福柯就着烛光写作。政治氛围也很压抑。

1957 年,学生反抗新闻出版的高压政策,党员急剧减少。

在这种猜疑的氛围中,福柯"出柜"一位为警局工作挣学费的年轻人。大使于是建议福柯离开华沙。

泥浆摔跤

福柯在教育部一位女监察官的陪同下到克拉科夫旅行。监察官无意间闯入了"老江湖"的卧室,发现他怀里正搂着一个小帅哥。

后来福柯称这个插曲使得他在 1968 年 5 月法国学潮中不愿制止事态的发生,因为法国教育部没有严肃对待他的改革计划!

他搬到汉堡,加入了另一个机构,在那里,他带着作家阿兰·罗贝-吉里莱(1922 年出生)逛脱衣舞夜总会、游乐场、镜厅等。

福柯还和一位易装癖者厮混在一起。

他还带小说家皮埃尔·加斯卡尔(1916 年出生)去红灯区看女性的泥浆摔跤。酒吧的侍应生称福柯为"Herr Doktor"(博士先生)。

1960—1961：日新月异

福柯的父亲去世了。福柯用遗产在芬莱路买了一所能看到塞纳河景观的新式公寓。

这个时候的法国是戴高乐治下的第五共和国。收费高速公路、原子弹、新潮流、新浪潮电影，一切都在昭告着一个走向现代的法国，但也是危机四伏的法国。

丹尼尔·德弗雷，圣克劳德师范学院的学生，被介绍给福柯，两人成为亲密的伴侣。德弗雷是反战的激进分子，福柯两耳不闻窗外事，在巴黎档案馆和图书馆完成了他的《疯癫史》。

从哲学到疯癫

这期间,福柯完成了两篇打算提交给巴黎索邦大学的论文。

第一篇是对启蒙哲学家伊曼纽尔·康德(1724—1804)的评论。在那里,他第一次使用了"考古学"这个术语,暗示他将不断返回这个历史时期。

启蒙:18世纪学术的、哲学的、文化的和科学的精神,对理性、进步、人的"成熟"的信念,对传统、宗教和权威的总体拒斥。

笛卡尔　牛顿　歌德　康德

它促使我超出科学,走向哲学和科学共有的东西,即**理性**。

答辩成员聆听了福柯对他的主要著作的陈述。

《疯癫与文明》(1964)

《疯癫与文明》不是从精神病学的角度看疯癫的历史。

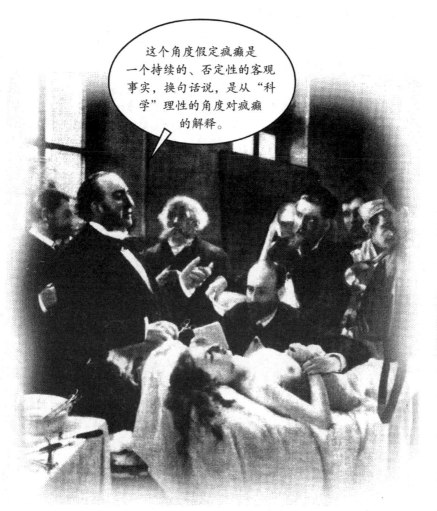

这个角度假定疯癫是一个持续的、否定性的客观事实,换句话说,是从"科学"理性的角度对疯癫的解释。

后来福柯说他的对象是"复合的建制体系产生的一种知识"。研究权威们的实践和意见是为了说明疯癫不是科学或理论话语,而是日常的常规实践。

愚人和非理性

福柯则对疯癫**本身**进行缜密的研究（回荡着海德格尔式的余响，研究疯癫在理性语言之外的"沉默"）。

"要捕获一个空间，没有语言的言语，语言固执的呢喃似乎是自言自语……在获得阐述之前，在回传之前，就已经沉没，而没有纠缠于它从没有分离的沉默。"

我们必须尝试回到历史上疯癫突然与理性分离的"零点"——在精神病院的禁闭中，在疯癫和理性理论上脱节成为非理性的过程中。

叽里咕噜……

古典时代

福柯称欧洲的 17、18 世纪为"古典时代",用它来说明疯癫是"社会空间"内部的一个认知对象,在历史进程中以各种各样的方式被建构。疯癫是由**社会实践**生产出来的认知对象,而不仅仅是可以分析的思考对象或感受性。

何谓疯癫?

问题可以换一个方式问:疯癫经验是如何被付诸实践的?

福柯论证说,在古典时代之前,疯癫和理性的关系完全不同。

对疯癫的不同认知有四个历史阶段。

1. 中世纪的疯癫与死亡

在中世纪，人对疯癫的争论是一场戏剧，在那里，世界的全部秘密都受到质疑。疯癫的经验被堕落、上帝的意志、野蛮、时间和世界的终结这样的意象所笼罩。

死亡是主导的议题。人的疯癫在于看不到死亡的统治就在眼前。因此必须用死亡奇观把他带回到智慧那里。

2. 文艺复兴时期的愚人

疯癫在 15 世纪末走到前台。

人的生命不再因为死的必然性而陷入疯癫，而是因为死亡就在生命的内核中。

> 成为骷髅的人头已化为空无。

愚人的真理

疯癫是知识的"真理",但疯人的知识和学问是愚不可及的。愚人充满巧智的话语所具有的文学特征已经言明了这一点。

> 在我的愚不可及的言语中,我揭示了理性本身的真相。

从 15 世纪开始,通过文学、哲学和艺术,主体被卷入各种各样的方式,疯癫现在以人的方式存在。

疯癫的经验采取了**道德讽刺**的形式,而不是以画家希罗尼莫斯·鲍什(1450—1516)的疯狂世界来入侵和威胁。愚人指出疯癫和理性本身的错误。

"愚人船"是为了理性放逐和流放疯癫的象征表达。

3. 古典时代的大禁闭

文艺复兴时期尚给予疯癫一种想象的自由,而古典时代(约 1650—1800)将它完全归于**沉默**。它被囚禁于理性、道德和权利中。

禁闭是一种实践,它将疯癫完全等同于非理性,亦即等同于理性的空洞否定。通过禁闭,疯癫被归于虚无。

古老的、空荡荡的麻风病收容所被用作新的目的——**大禁闭**。理性时代将疯子和穷人囚禁起来。1656 年,一道敕令之下修建了巴黎大医院。成百上千的巴黎人被关了起来:疯子、穷人和罪犯。

资产阶级的道德

事实上,禁闭更多地是为了解决失业、懒惰和乞讨的经济问题。一种新的劳动伦理和新的道德义务观开始与民事法律联系在一起。劳动是一种救赎,懒惰是一种反叛。乞讨者经常在城门口被弓箭手射杀。

文艺复兴时期让疯癫大白于天下,古典时代则是把它看作丑闻或耻辱。家庭将发疯的长辈和行迹怪异的兄弟藏匿在地牢里。

但是奇观展示也加入其中。在伦敦伯利恒收容院,每年观看疯子展示的达 96000 人次。疯癫一度被模仿,现在却被赤裸地展示,不再有内在的魔性,而是成为一种观看对象和禁闭对象。

如动物一般

禁闭不是要惩罚或纠偏,仅仅是为了规训和隔离。因此,疯子像动物一般被关在栅笼里,用链子锁着手脚,枷锁锁着脖子。

这个疯子不是病人,他的动物性使他对寒冷、饥饿和痛苦麻木不仁,他的动物性-疯癫性保护着他。

这个时期的医学把疯癫视作危险的激情的过度亢奋,忧伤过度和暴饮暴食使得疯子患上了忧郁症和精神失常。

对疯癫的治疗针对的是疯子的身体,以及他的想象。这些通常是在收容院**以外**的地方实施。

音乐、跑步、旅行、冷水浴,用替代性的药物或"流食",甚至灼伤净化他的身体,减轻内心的躁狂。

改革、精神病医院和心灵的捕获

18世纪末,精神病学改革家认为惩罚性的措施是不当的处理。应该解放疯子的身体,让他去接受道德教育和精神病医生的话语。但事实上,他们很少获得自由,因为他们的**心灵**已经习惯了那种处理。

理性和非理性现在分离了:精神病学的语言得以确立,成为理性有关**疯癫的独白**。

> 疯癫者现在有自己的专属,他是一个病患,接受"合理的"治疗和**救治**。

> 恐惧原则被认为是病人管理中头等重要的,让他遵从理性,接受自尊意识。

萨缪尔·图克(1784—1857)

菲利·皮内尔(1745—1826)

> 疯癫是一种社会过失而不是堕落。精神病院是资产阶级威权秩序的镜子。

4. 1900年和弗洛伊德巫术

西格蒙德·弗洛伊德（1856—1939）这样的人物平息了对疯癫的斥责。他废弃了改革者使用的**沉默建制**。他让疯癫者说话，但他也发展了一种结构，将医学人物——比如他自己——视作万能的巫师一般的角色。

在福柯看来，让疯癫者如其本然地生活，摆脱威权式的理性，唯一的出路就是通过艺术和哲学。

认为可以通过心理学来衡量和论断疯癫的世界必须在疯癫面前，在阿尔托、梵高、尼采这种人的作品面前证明自身。

批判性的接受

福柯的著作质疑了心理学的科学地位的源头。他没有屈从于历史资料的权威,没有打算界定疯癫,他的著作显示了疯癫被体验、被想象和被驱散的路径,口头表示以现象学的方式关注(经济、社会和科学的)结构改变。

有人批评它缺乏历史品质,歪曲了历史。

作家莫里斯·布朗肖(1907—2003)

不是所有的疯子都对艺术有兴趣。

但疯癫在文学中备受称道。

反精神病学

这本书得到反精神病学和反文化理论人士的拥抱,如 R.D. 赖宁(1927—1989)、大卫·科帕(1931—1986),还有吉尔·德勒兹(1925—1995)和菲利克斯·瓜塔里(1930—1992)的《反俄狄浦斯:资本主义与精神分裂》(1972)。

福柯和德里达,1963 年

在一篇演讲中,后结构主义者雅克·德里达(1930—2004)对福柯《疯癫与文明》中讨论笛卡尔(1596—1650)《沉思录》的将近三页纸的段落进行了解构。

福柯试图写一本疯癫史。

这是福柯最疯癫的部分,他怎么可能避免理性语言(秩序、真理、客观和普遍合理的体系)强加给疯癫的暴力?

福柯误读了笛卡尔。他认定这位理性主义哲学家在利用疯癫抬升理性,但事实并非如此。理性和疯癫并非如福柯认为的那样截然对立。

哈欠……

在此,福柯的结构主义威权与古典时代的暴力并无二致。

两位知识分子就此分道扬镳。

克莱芒－费朗大学：冲突开始

福柯已经成为一名受人尊敬的知识分子。他写文章，出席会议，评论文学作品，谈论宗教倾向，等等。1960 年，因为康吉莱姆的推荐和伊波利特的支持，福柯获得克莱芒－费朗大学的一份教职，讲授心理学。当时法共哲学家罗杰·加罗蒂（1913—2012）刚刚加入这所大学，由于著名的乔治·蓬皮杜（1911—1974）的影响，一场火药味十足的论战开始了。

他们开始激烈争吵。

语言与文学

福柯对文学的兴趣日益浓厚,尤其是探究疯癫者在语言、语言感觉和所创造的世界之间穿行的小说,比如雷蒙·鲁塞尔(1877—1933)疯狂至极的《幽居之地》(1914)。

"Les lettres du blanc sur les bandes du vieux billard(老台球桌边沿的白色字母)"可以改写为"Les lettres du blanc sur les bandes du vieux pillard(那个白人有关老黑帮的书信)"。

这一描述不是语言对其对象的忠实,而是**词与物**之间的无限关系的不断更新。

拉丁语是强盗们编造出来糊弄人的代码,那些强盗是青蛙的后代。

准超现实主义者让-皮埃尔·布里塞(1845—1913)也受福柯青睐。

布里塞的语言谵妄可谓登峰造极。

医学与方法论

1963年,福柯出版了《临床医学的诞生:医学认知考古学》,该书是基于对1790—1820年所有临床医学著作的阅读。"这本书是关于空间、语言和死亡的,是关于观看和凝视行为的。"

临床医学不只是一种观点。它关联着19世纪的**科学**,比如生物学、生理学和解剖学,以及医院这样的**建制**和行政管理这样的**实践**。福柯想要解释这种医学知识的规则。

视觉、看和命名的模型在科学中被打开。

医学知识的变异

医学实践是严密的科学和不确定的传统多样性的混合。然而，作为一种知识体系，它觉得自己是连贯一致的。这一知识历经世代，是从幻想和神话语言演变而来的。

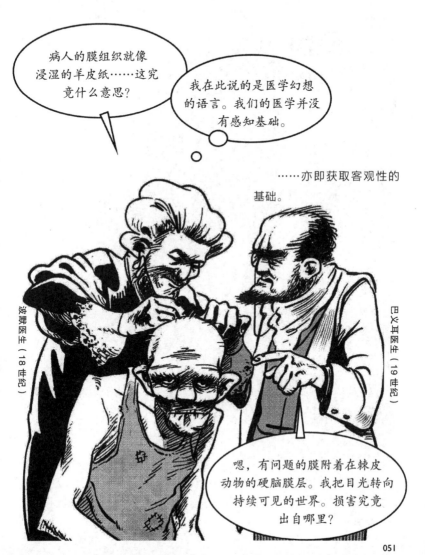

结构主义

医学话语如何在形形色色的结构——政治、社会、文化和经济中——组织自身及其相互间的**关系**,以便说明因为变化而对事物被看或被言说的方式的影响,以及某一历史时期的看和言说如何可能,这种研究也是准**结构主义**的。

我并**不想**阐述医学知识的真理或基础,我也不认为医学是一个线性的逐步发展过程或医学启蒙过程。

医学仅仅是按照新的句法去重新组织疾病,这一新的句法涉及语言和语言的命名对象之间的关系,语言与社会中的实践和建制的其他结构性变化的关系。

知识与分类

我们的身体作为"疾病的起源和传播的自然空间",这个空间是由**解剖图**确定的,这一身体感知,仅仅是医学形成自身"知识"的诸多手段之一。

《分类医学》(1770)将疾病分为各种**类别**,但它们与身体本身没有必然联系。

疾病被认为是它们的性质与病人的气质相结合时转移到身体上的。

这是**分类学**的医学思想。

疾病的这种**空间化**是理论上的。疾病依照类比和相似按族、类、种等级排列。"感冒归属于喉类,痢疾归属于肠类。"病人是感知正常的类或种的潜在障碍。

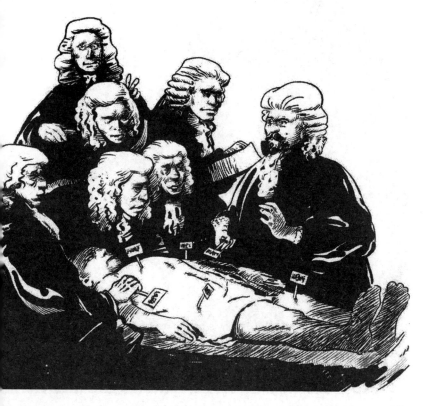

症状

后来,临床医学(19世纪以来)把疾病看作和"想作"**症状**,而不再是图表中的固定列举或类属。这种认识转而被解释为是病理学发展的**标志**。疾病不再是类别及其关系的分配,而是身体作为症状之集合的空间化。

现在,临床语言与它的命名对象完全吻合了。

言说和观看一致了。这是临床医生的言说之眼。

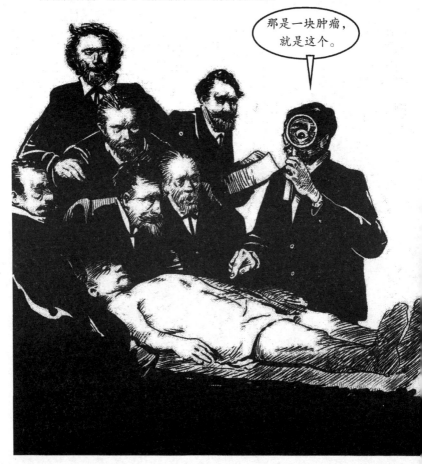

解剖学：尸体的技术

病理学解剖得到发展，**解剖的临床理论**也得到发展。

疾病不表示症状的类属或科目，而是暗示某一特定组织的病灶。

临床对身体表面的凝视成为对身体的凝视。

这是解剖的目光，它确立了病理学反应的医学。组织和器官现在成为疾病的所在地。疾病分类的观点已经过时。

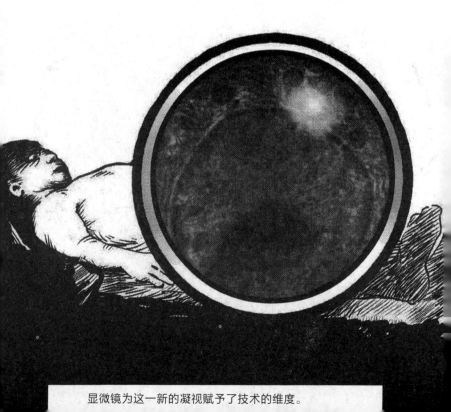

显微镜为这一新的凝视赋予了技术的维度。

人与死亡

> 死亡不再是抽象的事实,而是生命的断裂,是生病的过程。死亡现在成为主导的理论原则。

> 身体停止呼吸后不是否定的、无限的"黑夜"。死亡是一个过程,相当于器官失灵和朽坏。

"医学的目光不再是医学之眼的凝视,而是观看死亡的眼睛的凝视,那是生命的结得以解开的大白眼。"福柯追随乔治·巴塔耶(1887—1962)说。当然,巴塔耶色情的和专注于死亡的《眼睛的故事》提供给他一个可视意义上的目光。

巴特的嫉妒

福柯的书不久便成为一种崇拜。

伯尔纳·考切奈医生在《福柯书赞》中说:"它让专家认识到医学不单纯是机械的实践,而且是一套随时代而发展的语言。"

学者马丁·盖伊在《福柯书评》中说:"福柯无法在他自己的知识型之外去看。他是20世纪法国思想的产物,那一思想对视觉社会有毁有誉,是有关视觉感知、观看、考察、绘画等的哲学。他在将视觉提升为主导原则时考察了自己的前提。"

但结构主义者声称他在法国大革命的社会语境,在它的临床和感知结构的转变之间确认的联系是有偏差的。

我们发誓永远在一起!

很显然,巴特对福柯心生嫉恨,因为他也垂涎德弗雷,后者已经和福柯一起住在芬莱路。

尼采的拯救

福柯第一次读尼采是 1953 年 8 月和密友莫里斯·品格特一起在意大利的海滩。

1964年7月,一个有关尼采的会议上,福柯讨论历史和**阐释**,采用了"三位怀疑论大师"的观点:弗雷德里希·尼采(1844—1900)、西格蒙德·弗洛伊德(1856—1939)和卡尔·马克思(1818—1883)。

十年后,福柯仍在和哲学做不懈的斗争,以图摆脱黑格尔主义和马克思主义的历史观,即将历史视作朝向一种**绝对**的展开,那个绝对就是矛盾和冲突的解决。那他转向了谁?

1964年福柯感兴趣的是**阐释**的无限本质,如马克思对资产阶级意识形态阐释的阐释,弗洛伊德对病人有关自身神经症的阐释的阐释,尼采的所谓哲学不是发现知识而是付诸无有穷尽的阐释。为什么特别是尼采对福柯有所裨益?

不仅仅是知识

在尼采看来,想象历史会朝向一个整一迈进或揭示一个总体的真理,这是不可思议的。

这一表述与黑格尔的历史会把我们引向绝对和总体知识的思想完全是南辕北辙。这是对理性的质疑。

> 存在的根本本性就在于,一个完备的真理知识会毁灭真理。

> 黑格尔的辩证法——朝向知识之完成的辩证法——被尼采解决了。

词与物

福柯对语言和阐释世界的兴趣把他引向了下一本书:《事物的秩序:人文科学考古学》,主要写于1964年年中,1965年在巴西的演讲中做了进一步扩展。

最痛苦的事莫过于在屁股上写作。

福柯的目的是要考察人是如何成为西方文化知识对象的。他为此提出了历史三阶段:文艺复兴时期、古典时代和现代,并挖掘了每一时代各自的历史**先验形式**。

是潜在的知识格式组织每一科学话语,界定哪些东西可以科学地思考,福柯把揭示这些层次的过程称为**考古学**。

他的计划是要发现我们的文化或现时代的历史的基本代码,而不是揭示它的现象学感知。

关键词：1. 考古学

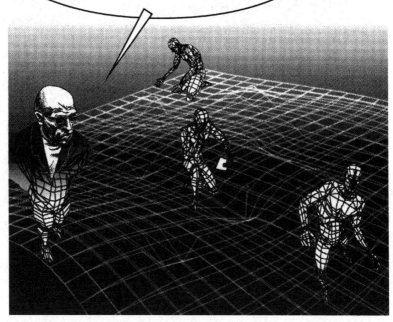

"考古学"，是对使思维方式得以可能的条件的探究，它意味着对无意识地组织起来的思维层积的挖掘。不同于**观念史**，它不会假定知识的积累是朝向某个历史结论。考古学忽视个体及其历史，它倾向于挖掘知识的**非个人的**结构。

考古学的任务不在于将话语处理为指涉某个具体内容比如疯癫的记号。它将话语，比如医学话语，视作一种将它们所谈论的东西构建为对象的**实践**。

关键词：2. 知识型

知识型是将思想组织起来的"基本"框架或网络，每一个历史时期都有自身的知识型。它可以框定经验、知识和真理的总体性，支配各时期的每一种科学。

福柯重新激活了托马斯·库恩的**范式**概念。

一门科学要成为正式的科学，就得让科学家同意他们的工作有相同的和可解决的科学难题。这一基于成果模型达成的同意，我称之为范式或**典范**。

对于这类模式，难题是如何解释科学知识型从一个**转向**另一个，或者说它们如何相互交叠。这一点从未得到充分的解决。

分类或类型化

语言是这本书的核心。福柯一上来就提到阿根廷作家路易·博尔赫斯（1899—1986）的一个短篇小说，里面涉及中国的某部百科全书。

它依照一种奇幻的方法对动物进行分类。

文艺复兴时期的知识型

词与**物**依照它们的**相似性**结合在一起。文艺复兴时期的人依据相似性做思考:生活的剧场、自然的镜子。其中有四种相似性。

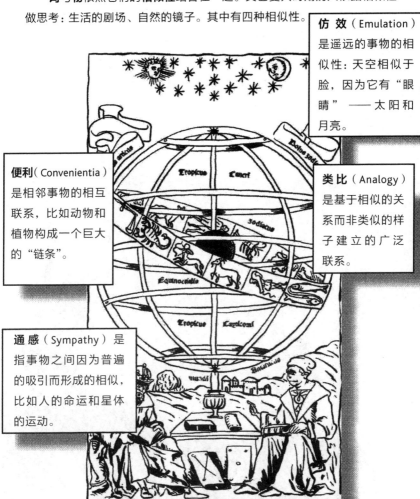

仿效(Emulation)是遥远的事物的相似性:天空相似于脸,因为它有"眼睛"——太阳和月亮。

便利(Convenientia)是相邻事物的相互联系,比如动物和植物构成一个巨大的"链条"。

类比(Analogy)是基于相似的关系而非类似的样子建立的广泛联系。

通感(Sympathy)是指事物之间因为普遍的吸引而形成的相似,比如人的命运和星体的运动。

用"记号"来标记上帝创造的万物,这暗示了它们之间的亲密关系,因为这一关系是隐秘的,所以要寻求奥秘的知识。知是**猜想**和**阐释**,而不是观察和证明。

古典知识型

相似性已经崩溃。辨认现在被用于建立**同一性**和**差异性**。知识获得了一个新的空间。它不再是有关猜想的,而是有关秩序的。对稳固的和各自独立的同一性的分类被称为**表征**。

分析诞生了,塞万提斯(1547—1616)虚构的骑士堂吉诃德就是标识,他在一个理性基于同一性和差异性而非记号和相似性的类比的世界中成为一个化外之人。

我在运用**算术**——一个有关**度量**和**秩序**的普遍科学……同时还有**分类学**——一种有关**分类**和**表格**的原则。

知识用特定的差异性取代普遍的相似性。历史被捕获并变成了图表……

西方理性进入了**判断的时代**。

古典的记号

在古典时代,语言被认为是透明的,不需要隐秘的或"奥秘的"联系。记号不再被强加于事物之上,而是位于知识"内部",来意指确然性和可能性。图画和语词不再和事物的秩序而是和表征本身相关联。现在,新的经验领域得以建立。

普遍语法

语词再现思想。语言作为话语发挥作用。文艺复兴时期的评论已让位于古典的批评。

自然史

动物现在被作为种而不是传说和传闻中的故事加以分类。

财富分析

文艺复兴人再也不用担心金属在钱币中的特征。现在,商业主义把金银作为手段去分析交换体系中的所有其他财富。

无主体的表征

迭亚哥·委拉斯开兹(1599—1660)的《宫娥》是一幅有关表征的画。表征谁？表征表征体系。

有一种本质上的虚空。画作再现的人（镜子中的国王腓力四世和王后玛利亚娜）和看着他们的观者是不在场的。

古典表征不再需要王室这样的主体。后者只能通过不可见性，如出现在**表征性的镜子**中，而得以可见。真正的主体在表格或绘画中是不会作为生活、劳作和语言的历史主体而出现的。古典知识型不会专门为人离析出一个特定的领域。

公理：在古典知识型中，主体势必会摆脱自己的表征。

19世纪：从秩序到历史

到19世纪，不连续性宣告了古典知识型的终结。从此，秩序变换为**历史**。

欧洲文化一直在为自己发明一个深度，在那里，关键不再是同一性、独特特征、标示了各种可能的道路与根源的永久性表格，而是伟大的、**隐秘的**力量在**源头**、**因果论**和**历史**那原始的、不可再分的内核的基础上的发展。

现代知识型把人本身当作历史主体来研究。**通过人**，知识在人类生活的**经验**内容中赢得可能：人的身体、人的社会关系、人的规则和价值。

深层的力取代了古典知识表面的规则性，开始出现动力学的、历史的解释范畴。

人作为现代客体

经济学

在经济学家大卫·李嘉图（1772—1823）看来，财富现在是以时间计算的**劳动**，是工业进步和非生产性的劳作。所谓"经济人"，是指为躲避死亡之煎逼而花费、耗费、浪费生命的人。他是一种**限定性的**存在……

生物学

在生物学中，乔治·居维叶（1769—1832）关心的是功能，并通过解剖学来揭示不可见性。

这是有关自然**限定性**的**人类学**——人作为自己的界限。人类学版本的知识是建立在人而非无限性的基础上的。

生命物种"摆脱"了个体的极度混乱，可以被分类，因为它们是鲜活的，且因此能够隐藏自己。存在是连续性的，生命现在被视作一切存在的根源，并具有生物性的历史。

概要

语言不再是阻止或再现知识的主导工具,它是知识的对象,和其他东西一样,并以同样的方式被探究,像生物、财富、价值和历史那样。

现在的问题不是言说如何可能,而是我们如何能够掌控言说?现在哲学的斗争是在语言和**存在**之间建立新的联系。

在这些现代科学中,人是在**其实际的**存在中被认识。如果说在古典知识型中,人作为知识的主要课题是缺失的(比如在委拉斯开兹那里),那么现代知识型就是对人的过度研究,它忘了人作为思想的中心仅仅是知识型的变换。

人及其双重性

古典时代赋予人在世界秩序中以优先地位。人不是作为由劳动、语言和身体划定的有限知识被认识的,在现代知识型中,人既是有限的存在,又是奇怪的、经验-超验的**双重体**。

……知识在其历史的、社会的和经济的形式中"超越"了对人自身的指涉。

这意味着现代思想无可避免想要分离或调和人的这一双重性:身体和文化、自然和历史、现象学(经验)和马克思主义(历史)。

人文科学何以是合理的？

但是**人文科学**——心理学、社会学、文化史等——在现代知识型中提出了一个问题。人能把自己作为科学的对象吗？人的观念不是其他科学的一种投射吗？如生物学？人文科学不是太过经验化和多变而无法视作有规则可循的东西吗？

精神分析学或人种学根本不会触碰人的一般概念。它们**不会**研究人，后者是实证科学如生物学的真正对象……但这是它好的一面。

这些**反科学**（精神分析学、人种学）寻求"他者"的那一面，竭尽全力保存人的**自我批评**。

人的终结——主体实现了吗?

《事物的秩序》一书的结尾写道:"18世纪末之前,人并不存在。正如我们的思想的考古学轻而易举地显明的,人是最近时代的发明物。并且可能正在走向终结。"

福柯声称人作为思想的根基已然黯淡,并指出知识本身不过是我们持续的自我欺骗!——萨特

他在1964年宣告了人**类辩证法**即人重获历史真理的可能性的死亡。——西蒙·德·波伏娃

人作为知识的对象已处境艰难。

但事实上,这一"历史之人"的观念是建立在一个知识体系之上的。在那里,人文科学根本不是科学,科学本身根本不具有逻辑的稳定性,没有持续的真理标准和有效性。——福柯

该书成为畅销书,但它让萨特主义者、马克思主义者和天主教人文主义者深感困惑。

批评

对福柯的一种批评认为他对古典知识型和现代知识型的区分太过绝对，太不通融。如何理解知识型的交叠和滞后？如何理解数学和精确科学在历史中的作用？

萨特说福柯带给了人所需要的东西——一种折中的综合以证明历史的反思是不可能的。

这不是一只烟斗

比利时超现实主义艺术家马格利特（1898—1967）给福柯写了一封信，试图解释相似（similitude，比如豌豆的颜色这类**东西**的"相似"）和类似（resemblance，比如与所看到的世界相"类似"的**思想**）之间的差异。

1973年福柯做出回复，不仅以马格利特的作品《这不是一只烟斗》（1926）和《两个奥秘》（1966）为例，还以前者作为小册子的标题，用这些画作讨论类似性问题，亦即词与物的关系。

> 让我们看一下它们的**异位**路径——意指某个东西，在那里，语言和图像的传统纽带被打乱，制造了差异和张力。

Ceci n'est pas une pipe

福柯回溯了西方绘画中从15世纪延续到马格利特的作品的两个相关的原则。

图像与文本

在绘画或绘图中,文本(文字)和图像(类似性)常常一起出现,但一方总是**附属于**另一方。例如,一则绘图可以是文本的图解,或幻真(trompe l'oeil)绘画中的一个字符可能是为图像服务的。通过图像再现世界和通过文字(它们看起来与世界不一样)使用非再现性的类像(表征),两者之间是一种**等级关系**。

现代主义者如保罗·克利(1879—1940)曾试图通过把类似性合并为表征来绕过这种分离。克利创作过一些看起来像记号(文字)的小形象或树木(图像),这是一种超越了绘画中的古典等级制的新空间。

类似总是对某个对象的**确证**。当图绘了一个形象时,陈述就发出了:"你看到的就是这个。"

瓦西里·康定斯基(1866—1944)试图通过图绘抽象的形式来消解表征,但那些抽象的形式就是在确证它们是"某物",比如"那是一个黄色的三角形",尽管不表征任何东西。

从马格利特到沃霍尔

马格利特的作品似乎想追寻与其超现实主义界限的类似性（一条船看起来不只像一条船，而且它的帆被画得就像海浪）。但是它总体上是想要区隔表征（词）和类似（图像）。

虽然画中的烟斗像一只烟斗，但陈述很快就反对图像的同一性，马格利特呈现了类似和表征的问题。

坎贝尔！
坎贝尔！
坎贝尔！
坎贝尔！

自问一下：这里"不是一只烟斗"是什么意思？图像？文本？文字"这"（this）？图像和文本都用相同的介质绘制……因此它们是相似的，但又有所不同。文本和图像想要涵盖的越多，意义就越少！

马格利特的绘画动摇了表征，或者说记号和世界的关系，但它也拒绝填补图像和语词之间的鸿沟。只有相似性一直在那里：一系列没有外在指涉的视觉和语言记号。例如安迪·沃霍尔（1928—1987）画的坎贝尔汤桶，相似性在图像中被无止境地多样化。

突尼斯！1966 年

福柯在摩洛哥的突尼斯大学获得了一个教职。那里有美食、大麻和帅哥，散漫的生活风格正好适合他。他住在滨海小镇西迪·布·赛义德——当时是附庸风雅的法国外籍人士的住地。德弗雷经常光顾他那里。

> 福柯搬到一个翻修的宿舍，坐在外突的平台的垫子上。当地人觉得这位哲学家是个巫师。

福柯在大学里讲授尼采、笛卡尔和马奈。他将爱德华·马奈（1832—1883）的绘画和古斯塔夫·福楼拜（1821—1880）的小说放在一起比较，认为这两个人标示了**现代**的诞生，并与表征惯例相决裂。

在马奈的作品中，被图绘的表面并没有隐藏它的物质性，而是吸引人去关注它的"图绘性"。

《女神游乐厅的吧台》就是例证。

战斗

1966年12月,突尼斯爆发了学生抗议,起因是警察打了一名没有买公交票的学生。随着1967年"六日战争"以色列打击阿拉伯军队,学生抗议变成了反犹。有一天,福柯驱车载一位年轻的男友(实际上是警察的眼线)到自己的住地时遭到几位警察伏击,这让福柯很恶心,他变得政治化了,他将异议学生煽动性的传单藏在后花园里。

心理学家乔治·拉帕萨德(1924—2008)打断了福柯的一次演讲,于是被遣送回法国,但声称福柯还未勇敢到可以提出自己的辩护。

1975年两个人再次偶然相遇。

福柯赏了对方一个耳光,因为他在一部小说中设计了一个粗鲁的、类似福柯的人物。

结构的空间

1967年,福柯在巴黎面向建筑师做了一次有关空间的演讲。19世纪对运动和时间的痴迷已经被组织空间要素的结构关注所取代,这不是对历史的否定,而是另一种操控时间和历史的方式。空间的历史开始于伽利略·伽利雷(1564—1642),他用**无限开放**的宇宙取代了中世纪的**封闭**世界。

福柯还讨论了异托邦——"他在的空间"——比如成年仪式中为个体准备的特别空间。

> ……舞会上的青少年,产房,蜜月旅店,这些就是存在于日常生活中的"乌有"之乡。

他的观点后来被表述为:"空间是所有权力操控的根本。"

《知识考古学》（1969）

这本书既是对知识、历史和话语的方法论探讨，也是一种自我批评。在《疯癫与文明》和《临床医学的诞生》中，福柯说，他对疯癫经验本身有点信任过度，它的历史有许多是扎根于意识哲学的主体中心论。

这本新书则想提供一个综合。知识是居于意见和科学认识之间的一个领域，它不仅体现在理论文本或实验性的工具手段当中，也体现在实践和建制的全体中。

他考察了位于历史事件和人格之下的长时段稳定时期。

……比如历史的**年鉴学派**所做的。

与之相对照的是加斯通·巴什拉的认识论断裂和康吉莱姆的变形观点……那是一种不连续的和误置的历史。

在我看来，历史是非个人的，是复杂的关系和规则即话语形态的复合体。

话语

福柯将知识型视作历史的主导原则,并宣称**话语**是历史的主导形式。

话语不是语言系统或单纯的文本,它们是**实践**,就像精神分析学的科学话语及其建制的、哲学的和科学的层次。

通过分析**陈述**——构成话语形态的单位——我们就能看到它们的界限以及它们将言说者置于何种位置。

在精神分析学的情形中,就是病人和分析师。

任何建制都意味着陈述在人物、合同和签名等当中的存在。

话语规则

构成话语的有三个规则。话语要求：

出现的表层：话语得以出现的社会和文化领域，比如家庭、工作小组或宗教共同体。

界限的权威：具有知识和权威的建制，如法律或医学专家。

具体的构架：

比如，让形形色色的疯癫在精神病话语中相互关联起来的体系。

研究话语：

福柯说，所有的历史都是过去的**档案**，但在我们的时代，它的踪迹就存在于著述、解释、行为、建筑、习俗中。

但我们应当把这些档案当作纪念碑一样的东西看待——不是因为它们对历史有效性的指涉，而是因为它们自身。

对档案的研究不应当是为了确定它们的历史准确性，这其实是对历史"真相"的重构。

话语创造对象

当医学的、法律的和司法的话语指涉疯癫时，它们从不是指某个确定的对象或经验，它们不是把疯癫当作同一个东西看待。不过在这些话语之间可能存在某些规则。

> 精神病话语在犯罪和病理行为之间建立的联系并不意味着对"疯癫罪犯"科学的和历史的"发现"，也不意味着为这一行为指认一种社会语境。

犯罪行为能够催生一系列知识对象（罪犯的性格、遗传和环境因素），仅仅因为在建制、经济与社会实践以及行为模式之间建立了一整套的规则和条件。这些不是附加在犯罪上面，而是它们的关系和差异使得我们对犯罪的描述可以成为一种话语。

福柯与阿尔都塞

福柯的**陈述**观念与马克思主义哲学家路易·阿尔都塞（1918—1990）的**意识形态**概念是一致的。

陈述不在于分析作者与他的言语之间的关系，而在于确定个体为成为陈述的主体而可能和必须占据的位置。

我无缘无故被插入一个话语形态，成为医学话语中的病人。

以同样的方式，某人与资本主义社会的物质条件形成了一种想象性关系。这就是**意识形态关系**。

阿尔都塞

福柯的**非话语形态**（经济实践、经济过程、建制）产生话语，并被它们所组织（或"被言说"）：以一种表面上相似的方式。阿尔都塞的经济基础关联着它的意识形态上层建筑。

反对结构主义

虽然福柯被视为结构主义"四人帮"的一员,另外三位是巴特、拉康和克劳德·列维-斯特劳斯,但福柯并非真正的结构主义者,他的著作中有着大量的历史和现象学成分。

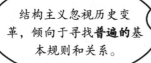

结构主义忽视历史变革,倾向于寻找**普遍的**基本规则和关系。

例如在语言和神话中。

永恒结构是个体与生俱来的。

福柯根本上排斥结构主义,认为后者的变换太过整齐划一、太过静态、太缺乏灵活性。

我与所谓的"结构主义者"不同,因为我对语言这样的系统所表现的可能的形式没有太大兴趣……这一特殊的争论现在已经成了一个笑话和闹剧,我的考古学是意义的**历史化**。

对考古学的接受

你的《知识考古学》被认为是对乏味的学科（如观念史）激烈的攻击。

吉尔·德勒兹说它是在召唤"一般的生产理论，这一理论必须与革命性的实践结合在一起，能动的话语就在实践中获得基本的、与我的生和死无关的外部形式"。人确然已经死了！

共产党的杂志《思想》认为它实际上是"有关意识形态关系的唯物主义历史理论"。这一点也不奇怪。

1968年：动荡的巴黎

1968年下半年福柯回到巴黎，他剃光头，穿翻领毛衣，以省去熨烫。

他剃个光头，看起来比实际年龄大，也很硬汉，就像同性恋罪犯让·热内。

他回到一个不稳定的社会，成为情境主义者，那是一帮激进的颠覆分子，他们要求日常生活的革命，由此把巴黎引向了动乱。

乔治·蓬皮杜再次成为总理和警察的暴力都无济于事。5月6日，巴黎到处是民众、暴力和路障。

福柯在南特大学供职，但他讨厌心理学，两周后，他辞职换到文森大学教哲学。

文森：亮相

这所新大学继续为"参与权"努力：每个人都有发言权。但法国共产党认为这是一个陷阱："这是古代的自由意识形态借尸还魂，是对阶级对抗这一现实的否认，也是在肯定国家公民——或一个共同体的全体成员——对国家的繁荣有着相同的兴趣。"

这是一所设施完备的大学，也是第一所配备有精神分析学院系的大学。雅克·拉康光顾了大学，发现蓬皮杜政权是将大学作为展示的舞台。政府为左翼学生提供了一个作战的舞台，学生攻击他。

1969年1月：文森的仇恨

1968年5月，警察阻止圣路易中学的学生看电影，文森的学生由德弗雷和福柯（穿着花哨的灯芯绒套装）带领加入抗议队伍，在街上设置路障和投掷石块。

警察冲进校园，福柯被捕。

后因为诚信记录良好而被释放——但催泪瓦斯对他有一些伤害。

文森大学变得臭名远扬：破坏行为、涂鸦、贩卖偷来的图书、毒品市场、严峻的治安状态。"无产阶级左派"这样的组织想让大学按"越糟越好"的原则运转。革命的"毛分子"与共产党学生争吵不休。

在这一极左的氛围中，共产党被认为是资产阶级的前沿阵地——我也是一个敌人！

伊波利特离世

1968年10月,让·伊波利特去世,他在法兰西学院的教席出现空缺。福柯入围候选人名单,他必须提交教学方案。

我想考察:当人们想根据先验的原则而不是历史去分析科学,确定知识如何记录迄今仍外在于它的现象的时候,构成科学的东西究竟是什么。

他如愿以偿,1970年4月,正式成为法兰西学院"思想体系史"教授。

12月,他做了首场演讲,这标志着方向上的一个改变。《论语言》勾勒了他的新思想。

求真意志

"每个社会里,话语生产都依照若干程序而被控制、选择、组织和传播,这些程序的功能就是为了遏制话语的力量和危害。"

这是一个有关现代或当代社会如何尊重和组织话语的历史,但这也遮蔽了对**无序话语**的恐惧。社会通过排除、禁止、分割、规训和拒绝来遏制"危险的"话语。

话语是一种**求真意志**——将无法同化的一切都拒之门外。尼采揭示了这一点。

知识是欲望冲突的结果,有一种渴望主导或占用一切的意志。它是不稳定的,是暴力的。

新术语：谱系学

谱系学是福柯为揭示话语在历史中作为一个遏制体系出现的时刻而做的尝试。福柯运用谱系学去分析文学、生物学、医学、宗教和伦理学的知识，例如这些**知识**如何关联于有关遗传或性欲的话语。福柯由此去研究自称科学的话语——精神病学、社会学、医学——最初出现时对诸如司法体系实践的影响。

谱系学主要考虑历史变革，但不是为了找到历史的真相，或描述知识中性的考古学结构，而是把历史视作**权力意志**。

福柯在法兰西学院两个小时的演讲座无虚席，在演讲台上，他感受到一种孤独，周围摆满了连接到录音机上的麦克风，就连他的脚下也围坐着慕名而来的年轻人。

谱系学对抗历史

1971年,福柯发表了一篇向伊波利特致敬的论文,题为《尼采、谱系学、历史》。论文暗示了谱系学与历史以及哲学的关系,其中最为明显的就是提到尼采的《道德谱系学》(1887)。福柯说:"关键在于让这种历史使用永久地摆脱记忆的模型,后者既是形而上学的又是人类学的。关键在于把历史转变为一种反记忆。"

这种历史或谱系学将打破同一性,揭示它们的面具特质,或者许多交叉体系,它们相互主导,不是某个单一观念为自身的自我实现的斗争。

谱系学不是重新发现我们的同一性的根源。

相反,它努力要拆散它们……揭示贯穿于它们的所有不连续性。

何谓作者?

现在的一切都是面具。

在题为《何谓作者?》(1969)的演讲中,福柯考察了作者的地位及其与文本的关系。我们用来"召唤"作者的创始主体的所有惯例都是可疑的。

例如,作者的**名字**与界定其同一性无甚关联,而仅仅是"作者功能"话语的一部分,涉及挪用、所有权和相应的想要将作者的意图真实化或返回作者的**意图**的意愿。

就像尼采的著作,如何界定那恰恰就是他的作品?

用来关涉他的同一性,那是作者的功能。我们不是也应该把他的笔记、草稿甚至他的洗衣清单包括在内吗?

如何区分谁是言说者?

"作者没有先于作品,他是一种功能原则,通过这种原则,我们的文化限定、排除、选择和阻止小说的自由流通。"

东京：1970年

履职法兰西学院前，福柯曾到访日本，在东京大学做了一次报告回应德里达对《疯癫与文明》的批评，并攻击德里达的**解构主义**——一种文本细读策略，旨在揭示文本的矛盾和假设。

搬家

福柯和德弗雷搬到沃吉拉德大道一幢现代住宅明亮的八层楼的套间。他们的起居间用书隔开,花坛里种着大麻,一起欣赏让·热内(1910—1986)作品中的人物和他们喜欢的女演员朱丽叶·克里斯蒂。阳台视野开阔,福柯从那里很享受地欣赏每天早上出现在对面套间的一个青年男子。

九点的时候,他会打开窗户。他披着一块小小的蓝色毛巾或穿着蓝色内裤……我很好奇他双臂相抱的时候眼睛看到了什么样的梦境,什么样的语言或图画正在酝酿。

嘿,羊角面包准备好了吗,丹尼尔?

福柯反对乔姆斯基

1971年,在阿姆斯特丹的一个电视节目中,理性主义语言学家诺姆·乔姆斯基(1928年出生)和福柯就现代权力与正义的话题争吵起来。

人类有他的本性。这使得我们可以获得可靠的科学理解,有一些先天原则使人类可以指导我们的社会和知识行为,我正在寻找一种笛卡尔式的、理性的有关心灵的数学理论。

组合房间在哪里?

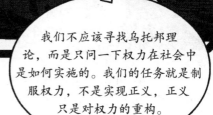

在此福柯持有一种**特殊知识分子**的观念,这种人可以提供批判性的知识,而不必居于真理和正义的导师的位置。

政治介入

1971年12月,福柯帮助筹建"监狱信息小组"。知识分子现在开始行动起来了!

没有人可以确保与监狱无缘,警察控制着我们每一天的生活,并且管控越来越严:街道上和马路上,外国人和年轻人,因言获罪的越来越多。

他们告诉我们监狱人满为患,但如果说那些人是被过度囚禁呢?

"监狱信息小组"的目的是收集和扩散监狱体系的信息,但不是为了改革,而是想要通过问卷调查把信息反馈给囚犯及其家属。

这些是在监狱暴动的背景下进行的,在"监狱信息小组"的支持下,囚犯发起绝食,抗议压迫性的监狱制度!

"断头台仅仅是死刑体系的可见象征。"

政治忠诚

福柯现在以实际行动表达对"毛主义者"的支持,虽然他并不认同后者"文化革命"的信念和"迫在眉睫的内战"的脚本。

"监狱信息小组"部分成员视囚犯是无产阶级的替代,福柯时常将罪犯——包括小偷——描述为政治反抗的一种形式。

"监狱信息小组"抢劫了一家豪华熟食店,把食物分发给穷人区的移民。

"监狱信息小组"的第一份宣传册攻击权力的压迫性伪装:正义、技术、知识和客观性。它论证说,"被剥削阶级"不需要知识分子也能认识到压迫并进行抵抗。但到目前为止,其他阶级也被卷入:社会工作者、律师、记者也加入了抗议行列。

阿提卡

1972 年 4 月,福柯访问了美国的阿提卡监狱。

"如同迪士尼乐园一般的一个虚假堡垒,观察位置伪装得像中世纪城堡,在它的后面是十分荒谬的场景,其他一切都变得矮小,你发现那是一架庞大的淘汰机器。"

这一经验对福柯接下来的一部著作产生了重要的影响,回到巴黎后,"监狱信息小组"出版了《监狱中的自杀》(1973),提到 72 个囚犯——其中四分之一是移民——在 1972 年自杀身亡。

"监狱信息小组"因为它的成功而黯然失色,随着囚犯已经组织起来,"监狱信息小组"和左翼的角色到 1973 年基本衰落了。

被谋害的矿工女儿

"人民的正义"观念——公共法庭借此可审判"体系"——已经成为福柯的心病。

1972 年,煤矿小镇布劳恩-阿尔托瓦斯一个 16 岁的姑娘被谋害,导致人们用石头攻击嫌疑人皮耶雷·莱罗伊未婚妻的房子。

"监狱信息小组"被卷入,让-保罗·萨特来到现场做了一个演说——这对他是常见的。

在这个地方,矿工的女儿布里吉特·德维雷被布劳恩的资产阶级谋杀了。

我对人们挥舞的权力感到沮丧。这真的是国家正义的选项吗?或者只是另一种伪装的权力?

莱罗伊被无罪释放。

被杀害的移民

1972年11月,被错误逮捕的穆罕默德·迪亚比在凡尔赛警局被一个警员射杀,警员强调他是自卫,并且那个时候只是碰巧带了一支机关枪。

巴黎区策划了抗议游行,250位和平的阿尔及利亚示威者在1961年被警察杀害,他们的尸体漂浮在塞纳河。

集会演变为暴力。警察冲击队伍,但仅仅成功地伤害了排队观看《101斑点狗》的孩子。

福柯和作家弗朗索瓦·莫里亚克被捕并被扔进了一辆卡车。

福柯的朋友、作家兼艺术家皮埃尔·克罗索夫斯基给出了一个阻碍警察的方法:30位衣着华丽的人手拿棍棒,他们的美会阻止跟踪的公共安全部人员!

同性恋行为

福柯热情地向左翼引入一直受到忽视的同性恋议题。1971年年初,"同性恋革命行动阵线"成立,它的文章中写道:

我，皮埃尔·里维耶

1973 年，福柯有关皮埃尔·里维耶的研究计划巩固了他将犯罪视作话语的尝试。19 世纪一位名不见经传的谋杀者割断母亲、兄弟和姐妹的喉咙，被捕后他写了一本小册子向法官和医生说明自己的罪行。

问题是：他有精神病吗？如果有，那这个清醒的文本与他的疯癫有什么样的关系？

> 谋杀行为和写作行为，展示的行径和描述的事件，如同同质的元素交织在一起。

里维耶**落入了自己无法掌控的话语的陷阱**。他感到愧疚，他葬送了自己的人生，1840 年他在监狱里自尽。

评论家

> 是的，若非落入了话语的陷阱，还能是什么？

规训与惩罚

1972—1973年，福柯在法国和巴西的演讲考察了惩罚性的社会和司法正义。1975年，他的研究最终得以出版，这就是《规训与惩罚：监狱的诞生》。

这本书是心灵和身体在政治、司法和科学这些领域的谱系学，尤其与惩罚和作用于身体内外的权力相关。

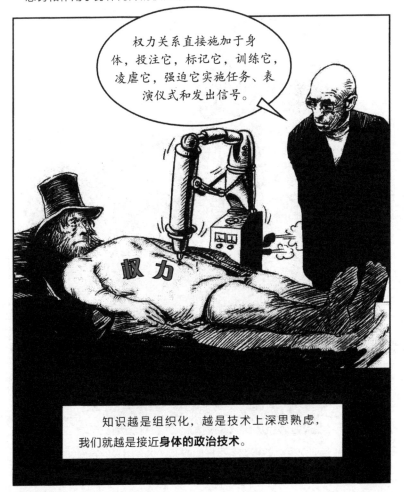

微观力学

福柯不仅研究监狱、工厂、医院、学校这样的建制，以及司法或教育的话语，而且研究让身体适应建制的权力**策略**。

福柯称这一严密的权力关系网络为**权力的微观力学**。

这一权力不是简单地作为义务被实施，也不是单纯作为禁令禁止"不拥有权力"的人。它投注他们，由他们且通过他们来传递。它压迫他们，他们抵抗它的钳制。

惩罚或规训对身体的影响有积极的方面，也有消极的方面，惩罚有着复杂的社会功能。如果权力实施的只是**压迫**，那它是十分可悲的。

酷刑作为奇观

福柯描述了惩罚的变化,即从 1800 年代当众实施酷刑的奇观到 1830 年代监狱(以及其他地方)冗长刻板的作息时间表。

1757 年 3 月 2 日,杀人犯达米安接受的刑罚有:用硫黄烧焦他的手,用铁钳撕开他的肉,用沸滚的液体浇入他的伤口,然后四马分尸,最后焚尸扬灰,并且这一切都当众公开实行!

挽救灵魂

但身体作为国家或君主报复的主要目标不久就消失了。公开处刑变成了审判和判罚。肉体的痛苦不再是惩罚的首要构件。绞刑或断头台迅速消失,受刑者被用毒药。为什么?

到 1760 年,惩罚"施加于"灵魂。这与人道无关,而是一种新的对象概念:"犯罪",它涉及对抗性的激情、本能、驱力、环境和遗传的效果。

资产阶级的方法

18世纪末,有组织的治安机器,人口的统计学信息,财富增长,强加于所有权关系的道德价值,将日常行为置于**监视**之下。偷盗不是反权威的,而是反社会的。**惩罚性的城市**和**强制性的建制**准备就绪。

惩罚和强制作为影响全社会的表征符号流通,而不再是印在身体上的标记。

监禁社会诞生了。18世纪改革的目标不是更少惩罚,而是更好惩罚或矫正——在所有的地方!

规则和规章

现在罪行被法典化，惩罚的权力包含规则约束的**符号**。新的经济和技术一起生产出福柯所谓的**符号技术**，它有六个规则作为基础。

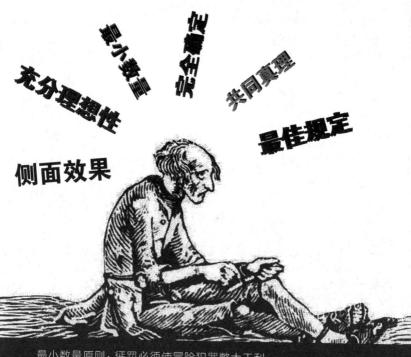

最小数量原则：惩罚必须使冒险犯罪弊大于利。

充分理想性原则：痛苦的观念或惩罚的表征应当可以预防潜在的犯罪。

侧面效果原则：惩罚应当影响他人，使他们不愿去犯罪。

完全确定原则：惩罚必须不变地紧跟犯罪。

共同真理原则：证据必须根据共同的证据标准来衡量。

最佳规定原则：对罪行必须分门别类法典化，必须考虑每个人的财富和邪恶的程度对罪行个案化。

温驯的身体

监狱体系形成了，成为**规训社会**的一部分！惩罚遵循新的规则，导致了拘留、劳动（具有道德价值的活动，而且是廉价劳动力的源头）以及清洁和祈祷制度。这是道德改革。"现代人诞生于规章"。身体现在变得温驯了，从属于提高和有用。规训的强化无所不在。

身体成为权力的机械。士兵现在要接受行军训练，工厂的工人需要岗位、技能和作息表，学生需要正确的坐姿和书写。

左腿必须在课桌底下比右腿稍微前伸。

现在开始"考试"。

在所有领域，傲慢无礼、迟到、懒惰、不修边幅、不纯洁等，都要受到惩罚。

边沁的敞视监狱

监视和观察现在无所不在、无时不在。功利主义哲学家杰里米·边沁（1748—1832）设计的敞视监狱是一个瞭望塔，看守、医生、教师、狱警从里面可以监视和看到犯人的行为。它定位了空间中的身体及其相互关系，受到监视的主体在受到监视的时候根本一无所知，但可以有效地管治自己。

> 监视的机器成为一个透明的建筑，在那里，权力的操练可以被整个社会监察到。

> 监狱与工厂类似，学校、营房和医院则类似于监狱，这很稀奇吗？

监狱为什么失败了?

很显然,拘留和监狱"改革"没有减少违法或犯罪。因此政府得出结论说,惩罚必须更加严厉,需要重新改革。福柯反过来提问说:"监狱的失败帮了谁的忙?"他从犯罪的角度看待这个问题:体系**需要**它们。

治安监视给监狱提供了罪犯,监狱把罪犯变成了犯罪者。他们成为治安监视的目标,定期把他们中的一部分人送回监狱。

批评:福柯提出质疑,以便得出自己的答案。这是一个偷懒的论证。

权力／知识

监狱是**权力／知识**的主要工厂。

监视性的社会及其"科学",如精神病学、犯罪学、心理学甚至社会学,确保对常态的判断无所不在。"监视性的网络构成了这一权力／知识的关键之一,使历史上人的科学得以可能。知识人(心灵、个体性、意识、行为等)是这一分析性的投注或这一**主导权／观察**的对象／效果。"

没有**知识**的提取、挪用、传播、保存,权力也就无法实施。在此层面上说,一方面,我们不拥有知识,另一方面,也不拥有社会,或者科学和国家;我们拥有"权力／知识"的基本形式。

"就像哲学已经界定的,不存在维护个人'权利'的政治需求。个体是权力的产物。所需的是通过多样化、置换、多样的组合来'去个体化',不要成为权力的附庸。"

赞扬和批评

《规训与惩罚》引起巨大关注，大多数评论是赞赏的。"这本书将对监狱体系形成海啸式冲击，它将撼动我们对**伦理**的信念。"

吉尔·德勒兹说："……一幅十分不同的画面，里面有不同的角色和过程，传统历史令我们对它们很熟悉，即便是马克思主义的。"

福柯完全颠覆了启蒙的自由之路：异托邦式的不自由。

克利福德·格尔兹

J. G. 默奎尔："福柯列举的许多事实是错误的，他忽视了法国大革命在接下来监禁取代公开断头台的过程中的作用。他夸大了作为一种削弱性的规训力量的启蒙运动，他没有解释人类在历史中的作用，所以他的结论是一种阴谋论。"

西班牙的生命法西斯主义

1975年9月,来自巴斯克埃塔和反法西斯阵线的十位自由斗士被弗朗哥政权施以绞刑。有两位被指控者是孕妇。

福柯和伊夫·蒙坦等几个人飞到马德里,但被禁止在报纸上发声。警察把他们带回日本游客的飞机。弗朗哥大方地允许五位军人被射杀而不是被处以绞刑。

1975年11月20日,同性恋独裁者去世,他的医生让他多活了若干年。这是福柯的生命-权力的微缩版:按照人口、卫生、民族利益等技术性地计算生命。

对成千上万的人拥有生杀予夺权力的那个人甚至都没注意到他已经死了。

1976年，性史

福柯一直在努力但未完成的书稿出版了。《性史》尝试理解西方现代文化中的性经验："性欲"和"性经验"作为历史上的既定对象的诞生和发展。

个体作为性经验主体的自我意识：计划要求对古代、基督教和现代世界的性经验、快感和友谊做历史的探究。三卷本的第一卷《性经验史：导论》开场就是一枚重磅炸弹。

为什么我们会说我们在性的问题上被压抑了？是什么原因导致我们觉得性是我们所隐藏的？为什么我们一直在谈论性？

性与权力

自文艺复兴时期以来,西方文化开始发展新的、强有力的技术来使与道德,尤其是与性行为有关的社会规范内在化:**忏悔**不断强化为真理生产的主要仪式。

忏悔的动物

人类科学，如心理学、医学和人口统计学，将身体作为社会问题和政府管控的对象。这基本上就是**治理**！

性真相！

在忏悔中，仿佛真相只需要表层：如追寻个体性的心灵。

尽管东方创造了复杂的、非个人的性爱艺术，但现代西方文化发展了一种性科学，更关心**人格控制**而不是性快感。

压抑假设

关于性存在**压抑**或**监督**吗？福柯说，实际上存在一种**机制**去生产更多的性话语。福柯的观点不在于人们是否对性持赞同或否定的态度，而在于解释它被大量谈论的事实。

福柯不否认性被禁止，但他主张压抑是**把性引入话语**的一个要素。换言之，我们是在谈论压抑以及性。

过去的三个世纪里，我们已经见证了**话语爆炸**：性被诉诸言说，**激起话语**。

从天主教的忏悔到瑞奇·雷克的谈话节目，自我检查的细致规则确保模糊的性思想必须得到澄清和追查。

性管理

18世纪的时候,性成为一种被管理而非被审判的东西。性的**治理**联系着人口管理观念的兴起。性行为是一个经济和政治问题。放纵的富人对国家是不利的。

现在孩子获得了**性知识**,通过学校的建筑物、校舍的配置,以及引入被规训的肉体和精神教育获得表达并被组织化,以使他们的心灵远离性。

性经验的话语是碎片化的,但无处不在:人口统计学、生物学、医学、精神病学、心理学、伦理学和教育学。

倒错的灌输

性经验的配置指的是相关但异质的话语、慈善主张、建制、法律、科学陈述,配置本身是把这一切组织到一起的网络。

19世纪的时候,法律制裁小的倒错和性变态,将它们和*心理疾病*联系在一起。

基督教的道德和民法展示了这一**倒错的灌输**。正常的和病态的性经验的**部署**有四个对象:歇斯底里的女人、手淫的儿童、马尔萨斯式的夫妻(人口增长)以及倒错的成人。

同种和性的分类

"过失",如卖淫、同性恋和鸡奸被医学–性学体制合并,它的焦点在于资产阶级家庭环境。

以前,同性恋是被禁止的行为。现在,同性恋是一种人格,有病例史,一个"童年",也许还有神秘的生理学。他现在是一个**物种**。

20世纪:揭示一切

禁忌和压抑渐渐被加强,在20世纪,性借解放之名被重新想象。不过,另一方面,我们仍热衷于把性**引入**话语中。"人们惊讶地热衷于假装从性的睡眠中将它唤醒,所有的一切——我们的话语、习俗、建制、规章、知识——都忙于生产和传播噪音。"

圣母是解放和压抑的末端流行话语吗?

对福柯的书的接受被消声。

批评的声音说:他把坦白同教会联系在一起

性经验被简化为实践。

鲍德里亚事件

让·鲍德里亚（1929—2007）是法国一位不走寻常路线的反理论的理论家，他曾出版过一个小册子，书名比较冒险：《忘记福柯》（1977）。

福柯的美国

1975 年,福柯受邀到加利福尼亚的伯克利大学,他喜欢加利福尼亚,他在演讲中谈论儿童的性、压抑和"不正常的"实践——勾勒了他最后的重要著作的轮廓。但有许多快乐是在演讲厅之外。他在广袤的戈壁上用毒品消磨时间,这是一种**超越于**性快感之上的快感表现。

致幻剂揭示了这整个明确的和绝对的物质是彩虹一般的、动感的、不对称的、离心化的、眩晕的和共鸣的。太爽了!

他对鸦片、可卡因、芳香剂和致幻剂都比较了解。一次旅行途中,他居然鲁莽地走进纽约一家警局讨要镇定药物。还有一次,他在服用鸦片的时候被一辆卡车撞到。"可卡因会让性快感变得弥散——身体处处都有快感。"

施受虐:超越欲望

澳堂、皮裤和施受虐:福柯沉迷于纽约和旧金山,他后来说能容纳800个小伙子的澡堂子是异性恋社区无法比拟的,他认为异性恋太粗糙。

在后来的访谈中,福柯讨论同性恋实践时说,施受虐不是侵犯性的实践,而是创造新的快感,就像黄金浴、嗜粪和拳交。

快感超越了欲望,因为它摆脱了涉及后者的医学和自然主义的观点,摆脱了"不正常"的标签。

他到纽约肉类加工区的矿井去进行他的研究。"施受虐是权力的色欲化。哎呀,简直棒极了!"

盲点

福柯对于国家及其权力总是持有一种矛盾态度,政府的一个委员会曾邀请他对监督和性提出建议,在接下来的系列讨论中,强奸和儿童性虐待的问题被提出来。女性主义者同意福柯说的,即强奸是一种暴力而不是性。

儿童性虐待——同意吗?

福柯对儿童性虐待以及操控它的性机器、心理机制和法律机器的问题要谨慎得多。至少对于十来岁的孩子,福柯说他们会引诱成年人。

小孩子的问题更为困难,他们应该受到保护,约束自己的欲望。

虽然目前的氛围反对成年人和孩子的性关系,但他不太确定法律是不是应当介入。他的立场顶多是不确定。

禅技巧

1978年4月，福柯再次造访日本，他喜欢这个国家，并在巴黎的公寓里试穿和服。他并不想成为和尚。"在我看来，最有趣的是在佛教寺庙里生活。"

与他正在进行的自我的技术的研究计划相一致，他对比较基督教精神和禅宗神秘主义感兴趣，前者试图探究个人的心灵，"告诉我你说谁"；后者喜欢说，"我谁也不是，我无处可去"，在此技术抹杀了个体。福柯的禅宗师父教他如何打坐和吐息。

那很难的。

他在东京谈论权力和哲学。

哲学可以成为**反权力**,只要哲学家抛弃他的先知角色,开始思考**特殊的**而不是普遍的政治斗争。

为了放松,他去了东京的一个仅能容纳六个人的同性恋微型俱乐部。

伊朗的错误

福柯的策略政治因为伊朗危机找到了一个出口。1978年9月8日"黑色星期五",国王的军队杀害了四千人,福柯以记者身份飞到德黑兰。"知识分子将和记者一起工作,在这个时刻,思想和事件构成了交集。"

他认为专制后的军事政变不会发生,因为伊斯兰教强烈地反对国家权力。

> 伊斯兰政府不可能限制人民的权利,因为它和宗教责任捆绑在一起,人们知道什么是权利。

因为替"一种惩罚和规训并且忽视穆斯林妇女权利的精神"辩护,福柯受到人们的指责。

"宗教"政变令他沉默之后,伊朗发生了执行死刑的浪潮。

惯犯

1980年，在福柯的帮助下，罗杰·诺贝史比斯获得自由，后者在1972年因被指控偷了八百法郎而被关进监狱。1976年，刚刚过了假释期的罗杰再次被捕，被指控多次持枪抢劫，这一次他被投进安全级别更高的新监狱，在那里他发表了自己的处女作，福柯为他作序。最后罗杰被宽大处理重获自由，成为知名作家。

但我厌倦了，我换了一个"工作"，1983年再次被投入监狱。

实在尴尬至极！

媒体对福柯的异想天开导致的灾难性后果说三道四。

他太喜欢卷入事件，以致有人指责他凡事都想请愿。福柯是不是太高看自己了？

反对社会党

1981年5月,法国选举社会党人弗朗索瓦·密特朗(1916—1996)为总统,福柯和社会党的关系已经破裂,因为后者以"内部事务"为由拒绝对波兰政府宣布的戒严令采取行动。福柯、社会学家皮埃尔·布尔迪厄(1930—2002)、作家玛格丽特·杜拉斯(1914—1996)和演员伊夫·蒙当(1921—1991)联署请愿。社会党人回复说,大多数文人对社会党在5月10日的选举中的胜利难以接受。

福柯后来坐小巴士到波兰旅行,随行的有世界医师协会的成员,福柯带着打印材料为该组织提供帮助。

美国声誉

福柯在美国已经成为膜拜的偶像。他是伯克利的客座教授,在生命的最后几年他演讲讨论自己感兴趣的新的关键领域:"真相与主体性"。1979年10月,福柯应邀到加利福尼亚的斯坦福大学。

《时代》杂志刊文讨论这位知识分子,说他的演讲厅外需要警察阻止人群拥挤,但他的著作被传统历史学家和哲学家所忽视。

他甚至因为论疯癫和建制的著作而被指控应当对发动"露宿街头的背包女"走上街头负责!

是谁让露宿街头的背包女走上街头的?

福柯对慈善梦的否定性评价与英国修正主义精神病学家R.D.连恩流行的主张——精神分裂不是病——珠联璧合。

回到启蒙

1983年秋,福柯做了一个演讲讨论康德的《何谓启蒙?》。1784年,康德认为启蒙是带领人类走出不成熟状态的"出口"。第一次,人类摆脱了对教条和纳税的盲目遵从。

人类一直有一种私人职责,但他们现在可以在公共领域自由运用理性。这是历史上的新时刻。

对"今天"作为历史上的差异性和作为特殊哲学任务的一个动机的反思,在我看来,就是这个文本的创新性所在。

在今天,福柯说,人类还未达到成熟,有可能永远都不会。但批判性的计划仍然存在,这意味着我们必须问一下:我们是什么,我们历史地分析的强加于我们的界限是什么——这样我们才有可能跨越它们!

福柯放弃对真理的探求,支持批判性地介入当下。

走向现代性

紧随启蒙的是什么?现代性是它的后续吗?福柯讨论了法国早期现代诗人波德莱尔(1821—1867),后者在他的著作中渴望抓住19世纪日常生活中的"英雄主义"——当代的时尚。但现在不是抓住那个时刻的时候。

> 现代性的态度,现代的高级价值与满怀热情想象它密不可分,想象它之所是并改变它,不是通过毁灭它,而是通过抓住它之所是。

> 浪荡子显示了现代与自身的关系,他将自己制作为一件艺术品。

> 现代人不会费力去发现隐秘的真理,他发明自己!

> 因此,与自身的关系必须成为一种创造性的和尼采式的赋予某人的强大和弱点以某种风格的活动,而不是试图揭示"真实的"自身。

反对福柯

德国哲学家和法兰克福学派的马克思主义继承人于尔根·哈贝马斯（1929 年出生）1983 年在一个讨论"现代性话语"的演讲中攻击福柯，认为福柯走得太远了。

通过驱除解放的可能性（摆脱弗洛伊德和马克思的著作对压迫和压抑的分析），福柯挫伤和模糊了真理之标准。在福柯的著作中，没有对知识和神秘化以及权力和话语加以区分。

我们仍需要启蒙对现存建制进行理性批判的理想，而不是否定它们。福柯是新保守主义者，因为他没有就针对发达资本主义的理论替代提供任何论证。

我是一名特殊的知识分子，和你一样，我不想充当真理和正义的导师，普遍真理是权力的面具。

快感及其运用

1984年,福柯出版了《性史》第二卷"快感的运用"。他把我们带回到古希腊文化,探究哲学家和医生考察性活动的行为准则的方式。那个时代的文本已经将个体形塑为伦理主体——每个人都必须质疑他的"自我实践"。现代时期与此有一种连续性,某些主题甚至一直延续到现在。

在柏拉图(公元前427—前347)看来,性实践并非不正常,虽然在《法律篇》中,他说男人之间的性是不合自然的,但这并不是对行为的性质的道德评判,而是对它的量的评论。

过度沉迷不是好事,性快感及其强烈的满足确保人类繁殖,尽管这本身不是什么坏事,但它会冲击它的目标,欲望会让人迷失!

某些希腊流行词

Chresis：性行为的运用和管理。

第欧根尼：犬儒哲学家，曾在市场当众手淫以表示性是人的基本需要。

Enkrateia：为成为道德主体而实施的自我控制，主要针对的是与自身的关系。

Askesis：通过沉思进行的自我克制操练，斋戒和闲逛，提升自我到一种生活风格。

智者安提丰："没有跟丑和坏打过交道的人，就算不上是智者；因为这意味着没有东西可以让他声称自己是合乎德行的。"

苏格拉底：克制、自制，将快感和欲望限制在自身之内。

Sophrosyne：恬淡，这样就可以摆脱欲望获得"自由"，最终导向自我的真理。

伦理关切

福柯想要回答的主要问题很简单:性行为是怎么走向道德经验的领域的?他试图确认古希腊实践的领域,在那里"自我的风格"是最重要的标记。

Aphrodisia:感官快感,可以用哲学和法律中的三个伦理关切来标记其特征。

1. 营养学(Dietetics):身体和健康,或健康的缺乏。营养学是行为规则,沐浴、散步、饮食、呕吐,都有助于矫正过度,但刻意的操练不受欢迎。环境和温度对性和身体的"量"至关重要。

不应该频繁地和持续地过性生活。这只对冷、湿、抑郁、空虚的人合适。

2. 弃绝(Abstention):拒绝性快感被认为是一种智慧,一种通向真理的方式。

家政

3. 家政学（Economics）：这个希腊词原先指的是"家庭"，主要涉及婚姻、妻子的角色和婚外性行为。妻子的职责就是照顾丈夫，丈夫必须尊重妻子，但在性方面不要限制她。她属于他，但他属于自己，必须掌控他的权威以维护家庭。对他而言，就是要在家庭内部使她成为一个"搭档"，她带给家庭的任何耻辱都是因为他的管理不善。

> 如果丈夫在外夜宿，那种快感追求并不构成威胁，构成威胁的是情人和妻子之间的竞争，以及竞争对家庭运转的影响。

> 柏拉图在他的《理想国》中把一个男人的自我管理比作城邦政治结构的运转。

男童之爱

同性恋这种东西在古希腊并不存在。其类型各有不同。同性和异性之间的爱并不是截然对立的。性行为的类型是无关紧要的。宽松的道德仅仅意味着不能因为女人或男童控制自己的欲望。并不存在两种欲望,而只有两种享受快感的方式。

男童和老男人

但为什么有道德关切,甚至在古希腊?

因为对男童或女人的欲望需要有所表现。

在男人和男童之间,存在一些约会规则。求爱者有责任约束自己或赠予礼物。

有涵养的男童不会立即投降,但也不会拖太久,或自降身价。

一旦男童长大成人,就不再适合维持关系,除非反过来变成一种友谊(philia)。关系是荣誉和尊严(aidos)的试金石。举止得体可以确保良好的地位。

与真理的关系

性行为及其与真理的关系主要是在与男童之爱的关系中得到发展的,而不像后来的基督教时期是在与女人的关系中发展的。真理不是在与爱的对象的关系中,而是在与爱本身、与心灵的关系中被阐述的。

> 个体在另一方那里寻求的不是自己的另一半,他的心灵与真理相关,那是他的爱的隐秘媒介。

福柯的结论:古希腊的性伦理有许多不平等,但在思想中被问题化为男人的自由操练、他的权力形式与他的真理之路之间的关系。

主体的返回?

很奇怪,不是吗?尽管福柯极力想摆脱人类个体,将一切东西都看作话语、机器、权力和建制,但他仍指涉了最具人类学意义的论题:性经验、自我、个体化、自我克制、意志。他想二者兼得吗?

福柯有关古代同性恋的观点不完全是正面的……

充满活力。

对深入的痴迷,对失去能量的威胁……所有一切都令人厌恶!

福柯总体上反对一种观点,即通过性可以找到"真实的自我"——因此他承认一种反加利福尼亚的立场(尽管他在"弗里斯科"很享受)。

自我关切

1982年，福柯演讲讨论**主体阐释学**（hermeneutics 的意思就是阐释）。他所关心的是自我关切以及柏拉图的对话《阿尔基比亚德》，在那里，阿尔基比亚德同追求善的苏格拉底争论。

> 阿尔基比亚德认识到他必须关心自己，如果他接下来还想关心他人的话。

> 在整个一生中，人必须自我谋划。

自我关切成为福柯《性史》第三卷——也是最后一卷——的标题。他的焦点是公元1世纪和2世纪两百年的希腊和罗马世界，以及那里已婚夫妇、政治角色和公民义务的新的重要性。自我教化就是对新**生活风格**的这些变化的回应。

自我教化

在古代晚期,性行为被视为一种焦虑,强化了人与自身的关系。人是自身行为的主体并教化自身。早期基督教的这一自我教化比希腊时代更少受到限制或没有后者严厉,但有不同的侧重点。

现在自我教化更多地以个体为基础,且是一种生活的艺术,其基础就是自然和理性的普遍原则,那些原则人人都要遵守,不论处于何种社会地位。

性行为的规则关心的不是道德,而是力量的支出。

Oneirocriticism：释梦

阿尔忒弥多鲁斯依据自我的日常实践释梦，不是通过道德指导而是通过**破译**。性行为本身无所谓道德或不道德，但梦见某种行为则属于善或恶的预兆。"性梦预告了做梦者在社会生活中的命运……它们预示了他在家庭生活剧场中、在职场和公共事务中将会扮演的角色。"

如果是奴隶梦见给主人手淫，则他们在现实生活中可能经常接受他的鞭打处罚。从梦中可以读到经济和法。

走向婚姻

在罗马，公共权威控制着婚姻。通奸一直是伦理问题，但现在属公共权力的司法管辖，而不再是家庭行为。婚姻与其说是经济和政治策略，不如说是各阶层——包括奴隶——的自愿结盟。它不是公共建制，不过包含婚姻双方的义务，并且使各阶层之间的区隔更加有效。**夫妻关系**由此形成。

> 你无法想象我是多么想念你，我爱你之深，永不分离。

> 小普林尼（61—112）显示了在他长途旅行的时候，激情是如何作为信中的话语传达给妻子的。

> 早期希腊习惯的特权和地位功能过时了——这是爱的问题！

这是一个**关系**婚姻，不仅仅是因为权力，而且是因为和他人的关系。

政治性的自我

退回来关心自我并不意味着要丢弃更广的政治、社会和公共场景以及个体与它们的关系。这些领域的自我的义务需要深入地理解如何平衡"退回"和"义务",以便发现人在国内外的生存的目标。

一个人的政治义务、捕获权力和地位的义务不再是不可改变的。权力不是对他人、国家履行职责,也不是掌权,而是通过理性实施自我治理(永久的工作!)。

这对每个人都是特殊的,不论什么样的政治地位。

每个人都可以获得自己的角色,但他的职责的分配是偶然的。

小塞涅卡(公元前4—公元65)

身体与自我

基督教早期的罗马医学不只是关心疾病和治疗,而是关心所有领域的养生行为:家庭、洗浴、环境、白天或季节。人们必须关注自己和总体状态。

性行为当然是与繁衍、排泄的病理、死亡和疾病息息相关的对象。

在癫痫的暴力攻击中,会排出精液,因为整个身体,包括生殖系统,会强烈地抽搐。

性快感和性功能是矛盾的。

性既不是职责也不是恶。精子让我们哄骗死亡,性是自然的;不过射精是一种浪费,是虚弱,就像得病。

养生

福柯强调,虽然性行为受到养生的仔细关照,但不应把前者看作道德问题。按照盖伦(131—200)医生的说法,性行为只有不当实践的时候才是有害的。

盖伦不想完全禁止性交实践。

养生可以为性提供平衡。

1. 生殖:仔细准备身体和心灵的行动,让精子聚集更加有力并于生产前在心中形成孩子的形象。

2. 主体的时期:快感不必延续到老年或开始得太早。女孩应在来月经之后失去贞洁。

3. 快乐时间：普鲁塔克（46—120）建议早上不要有性生活。

因为胃里还残存有不好消化的食物，所有的多余物还没有通过尿液和粪便排泄干净。

4. 个体性情：建制应当通过饮食（太热的鹰嘴豆、太湿的葡萄）和操练为性做准备。

但没有扔标枪：营养物质出错了！

心灵的工作

心灵在性实践中扮演着双重角色。一方面按照紧张度调节身体需求，另一方面是自行纠错。

身体不会辜负心灵的纯洁，事实上，心灵必须遵守身体的自然机制，而不是凌驾于身体欲望之上。**动物**是最佳的角色模范，因为性追随身体排泄和发泄的指令，而不是遵循（流行）信念相信快感有益。

形象–幻象是不可信的，因为它们会刺激心灵里空洞的欲望。

"satyriasis"（求雌狂）和 "nymphomania"（慕男狂）——男人和女人性欲过度的两个极端类型——是可以克服的，只要听从以弗所的鲁弗斯（Rufus of Ephesus）的规劝。

> 侧睡而不是仰睡，便可多求福禄。

不完美的男孩,还是完美的妻子?

普鲁塔克的《谈爱》将男孩的爱和已婚女人的爱进行对比。问题是:应该选择哪一方?为了比较,争论为爱假定了一个共同的基础,那就是**结合之爱**。

普鲁塔克从男童的爱中借用其传统的希腊特征——克制和友谊——来说明它们如何应用到各自的婚姻关系中。

男童之爱是不完美的爱。为什么?因为男童之爱不和谐:肉体的爱和真正的爱无法平衡。

"charis"(优雅)或承诺、相互的亲密的爱在可能的**积极 – 消极**的男人 – 男童关系中是缺乏的。古希腊的克制观念在这一新的互爱伦理中是无效的。

正如福柯指出的:"不完美的男童之爱就像是我们自己的道德的预兆。"

不用害怕

这本书的批判性影响因为福柯突然患病而蒙上了一片阴影,在1983年和保罗·拉比诺、赫贝特·德雷福斯的访谈中,他们讨论了希腊人的性。

问:"如此多的人因为性而毁掉了健康,这是怎么回事?"

答:"那是傲慢,是过度,问题不在于变态,而在于过度或不足。"

在伯克利,福柯同一个学生喝咖啡的时候谈到了艾滋病。

上帝保佑,不用害怕!

也祝你好运!不用害怕。

如果我死了,不用为我哭泣。

福柯感到困惑的是,艾滋病共同体转而变成了权威的指导者——医生和宗教人士。而且:"我为什么要害怕艾滋病,我也有可能死于车祸。如果跟男童的性给了我快乐……"

福柯回到法国后咳嗽严重,饱受头晕和持续头痛的折磨。

作者之死

1984年6月2日,福柯在家里晕倒,迅速被送到圣米歇莱医院,6月9日转到萨尔普提厄医院。德弗雷觉得他会康复,福柯的确出现了短暂的恢复。他甚至因为治疗而无法在电视上看约翰·麦克恩洛伊和伊凡·伦德尔的网球比赛牢骚满腹。

作者之死

他接待访客,会见老朋友,包括德勒兹。福柯甚至计划乘船到南中国海救援越南船民。

6月24日,福柯高烧,病情恶化,1984年6月25日下午1:15,福柯去世,时年57岁。

6月29日,福柯的生前好友出席了他的葬礼,葬礼现场,吉尔·德勒兹朗读了《快感的运用》的导言。来自波兰的流亡者送了一个花圈。棺材被运到普瓦图的旺德夫勒,并葬在那里。两年后,福柯的母亲去世。

World of tennis

艾滋病

福柯知道他患了艾滋病吗?极有可能。他肯定和朋友讨论过,但从没有公开宣布过自己的病。

医生的新闻发布稿说抗生素药物无法处理大脑的感染:败血病。

6月27日,《世界报》在头版发布了福柯去世的消息,并发表了他的绝笔文字:呼吁释放两位被关在波兰的法国人。《解放报》周末版开了一个"福柯专刊"。

让-保罗·阿隆站出来谈到自己的病,批评福柯晚年没有这么做,引发巨大争议。

德弗雷创办了一个自助的艾滋病组织:"AIDES"。

未完成的著作

福柯拒绝发表的《性史》第四卷"肉体的坦白",讨论的是基督教早期几个世纪的欲望。遗作后来和论马奈的作品一起出版。时间会证明一切。

埃尔韦·吉伯特的小说《给没有救我命的朋友》被认为就是以患有艾滋病的福柯的生活为原型的("穆齐尔")。小说描述了旧金山的澡堂子,在那里,人们坐在浴室里,浴盆成了小便池,被拆解的卡车成了"酷刑室",福柯在此认识到了自己的命运。

1991年,吉伯特服用抗艾滋病的毒品后自杀身亡,在他的小说里,斯蒂凡就是丹尼尔·德弗雷,玛丽是女演员伊莎贝拉·阿佳妮。穆齐尔死后,斯蒂凡找到了一个装满鞭子、手铐、皮革外套和施受虐刑具的袋子。

只会袭击同性恋者的癌症,不,简直难以置信,我都要笑死了!

穆齐尔崇尚桑拿浴中的暴力寻欢。

剖析福柯

福柯经常被评论穷追猛打。其中有一些是负面评论。

回应：他的研究方法预示了一种更少自负、更为开放的历史观。他确认了新的问题、新的方法和新的研究对象。

美国"后现代"哲学家理查德·罗蒂（1931—2007）说："福柯颠覆了准形而上学的安慰。"

批评：他试图相信每个时代，依赖档案来支撑他的论题，不过对客观真理不以为然。但他是第一个宣称证据在他这一边的人！

福柯的失败

美国马克思主义哲学家弗雷德里克·詹姆逊说:"福柯有一个'赢者输'的逻辑,总体系的想象越是强大,读者就越是无力。任何抵抗都是白费力气。"

福柯深陷两难:如果他说的是中立真理之不可能这样一个真理,那所有真理都是可疑的;但如果是这样,那福柯的真理就无法担保它自身的真理性。

回应:他为人文科学提供了一个新的范式(模式),把某些秩序加于理性的混沌之上。若不是他的权力/知识的启蒙和现代性观点,我们会在哪里?

矛盾

如果说福柯相信真理和理性只是权力的效果,并且没有任何根基——如话语、机器、建制等——那他就败了,因为他想让他的理论被当作真理接受。福柯如何是正确的,历史何以不是正确的?

一旦你放弃福柯所讲的人的观念,那为之战斗的还有什么?在这一点上,甚至尼采也比福柯乐观。

他对启蒙太过苛刻,他对18世纪没有任何好感,对它的启蒙、它的进步、它的理性多有批判性反思。

他的现代性观点也带有这样的色调。

天真的政治？

理查德·罗蒂说："福柯的所谓无政府主义是一种自我陶醉的激进的时尚,他的政治与快感紧密相连,他的权力研究是去中心化的。权力本身在他的作品中失去了意义。"

人类学家克利福德·格尔茨（1926—2006）说："福柯是一个不可能的对象,一个非历史的历史学家,一个反人文主义的人文科学家,一个反结构的结构主义者。"

仅仅用了三周时间,就把我的书变成了口号："性从未受到压抑。"

怀念福柯

福柯留下了一笔巨大的遗产,但也是一个有瑕疵的遗产。正在日益增加的福柯崇拜和他过度的政治承诺遮蔽了他的学术贡献。撇开他拒绝讨论媒介、大众文化和缺乏古典基础的事物不说,人们可能会问:福柯耗尽了吗?

福柯死了吗?对他自己的天才丧失了信心。撇开性方面的议题不说,免疫系统的失去不过就是其他过程的生物学转录。

数不胜数的"福柯"会议充斥着后现代学术界的软政治世界。"有关权力的话语和有关话语的权力,哪一个对知识分子和人文院系更有吸引力?他们危机四伏却又厌倦了教义。"

逝者归来

福柯的著作被艺术史家、女性主义文化理论家、无权利的左翼政治理论家忠实地和缺乏想象力地运用。远没有摆脱理性，他的著作已经成为一件紧身衣。

并且他时常受到太高的评价，这个人对某些思想家来说几乎是一个圣徒，毫不奇怪——当他的著作表面上似乎适合任何与知识或权力有关的研究的时候，尽管他给现代和后现代争论提供了一个方便的方法论语汇。

因此"福柯工业"现在也是一种话语形态，虽然他的观念已经失去了1960、1970年代激进主义的光环。今天**福柯言论**只是用来支撑讨厌的或政治正确版的历史。

延伸阅读

米歇尔·福柯的著作

《疯癫与文明:理性时代的癫狂史》,美国:兰登,1988;英国:劳特里奇,1990。

《事物的秩序:人文科学考古学》,美国:兰登,1994;英国:劳特里奇,1990。

《知识考古学》,美国:万神殿,1982;英国:劳特里奇,1990。

《我,皮埃尔·里维耶,杀害了我的母亲、姐姐和兄弟》,美国和英国:内布拉斯加大学出版社,1975。

《规训与惩罚:监狱的诞生》,美国:万神殿,1977;英国:企鹅,1991。

《性史》:《导论》(第一卷),美国:兰登,1990;英国:企鹅,1990;《快感的运用》(第二卷),美国:兰登,1990;英国:企鹅,1988;《自我的关切》,美国:兰登,1988;英国:企鹅,1990。

《临床医学的诞生:医学知觉考古学》,美国:兰登,1990;英国:劳特里奇,1990。

《死亡和迷宫:雷蒙·鲁塞尔的世界》,美国:道布尔戴,1987;英国:阿斯隆出版社,1987。

《这不是一只烟斗》,美国和英国:加利福尼亚大学出版社,1982。

访谈和论文

《权力/知识:访谈和论文选,1972—1977》,柯林·戈登编,美国:万神殿,1980;英国:哈维斯特,1981。

《福柯现场:访谈,1966—1984》,西尔维尔·洛特林格编,美国:符号文本,1989。

《语言·反记忆·实践:论文和访谈选编》,唐纳德·布查编,美国和英国:康奈尔大学出版社,1980。

《福柯读本》,保罗·拉比诺编,美国:万神殿,1985;英国:企鹅,1986。福柯重要作品的一个很实用的选集,附有简洁的序言。

批评性的研究

《米歇尔·福柯：超越结构主义和阐释学》，赫贝特·德雷福斯、保罗·拉比诺编，英国：哈维斯特，1982。主要讨论"主体化"的问题。

《福柯、马克思主义和历史：生产方式/信息方式》，马克·波斯特，美国和英国：布莱克威尔，1984。一个马克思主义者对福柯的权力观的回应。

传记

《米歇尔·福柯》，迪迪埃·埃里蓬，美国和英国：费伯，1992。收有福柯和密友的照片。

《米歇尔·福柯书评》，大卫·马西，美国：哈奇逊，1993。收有一个综合的参考文献。

鸣谢

克里斯要感谢佐兰、邓肯、理查德和托比的协助。

佐兰要感谢所有网络空间匿名作者的研究以及所有身边人的帮助和耐心。

索引

Absolute, the 绝对 9
AIDS 艾滋病 161-613
Althusser, Louis 路易·阿尔都塞 21, 87
archaeology 考古学 62
Archaeology of Knowledge, The《知识考古学》83, 89

Barraqué, Jean 让·巴拉奎 27
Barthes, Roland 罗兰·巴特 29, 57
Bataille, Georges 乔治·巴塔耶 56
Baudelaire, Charles 夏尔·波德莱尔 141
Baudrillard, Jean 让·鲍德里亚 129
Being 存在 14
Bentham, Jeremy 杰里米·边沁 116
Birth of the Clinic, The《临床医学的诞生》50
body, the 身体 156-159

Care of the Self, The《自我的关切》151
Chomsky, Noam 诺姆·乔姆斯基 100
classical period 古典时期 66-69
confinement 监禁 40-45
Canguilhem, Georges 乔治·康吉莱姆 18
consciousness 意识 15
Cuvier, Georges 乔治·居维叶 71

death 死亡 56
Defert, Daniel 丹尼尔·德弗雷 33, 162
Derrida, Jacques 雅克·德里达 47, 98
Descartes, René 笛卡尔 47
Discipline and Punish《规训与惩罚》109, 119
discourse 话语 84-87, 94
dreams 梦 24, 153

Enlightenment, the 启蒙 140
ENS, the 巴黎高等师范学校 7-8, 12

episteme 知识型 63, 65, 66-67, 70, 72-76
epistemology 认识论 16
existentialism 存在主义 14
experience 经验 15, 19-20

Fasciam, Spain 西班牙法西斯主义 120
Foucault 福柯
  in America 在美国 130-131, 139
  arrested 被捕 92, 106
  background 背景 4-8
  born 诞生 5
  criticized 被批评 165-166
  dies 去世 162
  drugs 毒品 130
  father dies 父亲去世 33
  in Hamburg 在汉堡 32
  homosexuality 同性恋 13
  mental illness of 精神疾病 12
  in Morocco 在摩洛哥 80
  in Paris 在巴黎 90
  studies philosophy 研究哲学 7
  in Sweden 在瑞典 28
  in Tokyo 在东京 98, 134
  in Vincennes 在文森 90-92
  who is he? 他是谁? 1-4
Freud, Sigmund 西格蒙德·弗洛伊德 44-59

Garaudy, Roger 罗杰·加罗蒂 48
Geertz, Clifford 克利福德·格尔茨 168
genealogy 95, 96
GIP 监狱信息小组 102-105
Guibert, Hervé 埃尔韦·吉伯特 164

Habermas, Jürgen 于尔根·哈贝马斯 142
Hegel, G.W.F. 黑格尔 9, 10-11
Heidegger, Martin 马丁·海德格尔 14

history 历史
  of experience 经验史 20
  and genealogy 与谱系学 96
History of Madness, The《疯癫史》33
History of Sexuality, The《性史》121, 143, 151
homosexuality 同性恋 13, 107, 127, 147-149
Husserl, Edmund 埃德蒙德·胡塞尔 15
Hyppolite, Jean 让·伊波利特 8, 10, 93

illness 疾病 26
image and text 图像与文本 78
interpretation 阐释 59, 61
Iran 伊朗 136

Kant, Immanuel 伊曼纽尔·康德 34, 140
Klee, Paul 保罗·克利 78
Knobelspiess, Roger 罗杰·诺贝史比斯 137
knowledge 知识 16, 60, 75, 94, 118
Kojève, Alexandre 亚历山大·科耶夫 10
Kuhn, Thomas 托马斯·库恩 17, 63

Lacan, Jacques 雅克·拉康 23
language 语言 49, 52, 61, 68, 72
Lapassade, Georges 乔治·拉帕萨德 81

madness 疯癫 30, 36-45
  see also illness 另见"疾病"
Madness and Civilization《疯癫与文明》35
Magritte, René 勒内·马格利特 77, 79
Manet, Edouard 爱德华·马奈 80
Marx, Karl 卡尔·马克思 26, 59
medicine 医学 50-55
Medicine of Species《分类医学》53, 57
mental illness 精神疾病
  see illness 见"疾病"
Mental Illness and Psychology《心理疾病与心理学》25

Merleau-Ponty, Maurice 莫里斯·梅洛-庞蒂 15
modernity 现代性 141

Nietzsche, Friedrich 弗雷德里希·尼采 58-60
non-discursive formations 非话语形态 87

Panopticon 敞视监狱 116
PCF 法共 21
phenomenology 现象学 15
philosophy 哲学 7, 20
political self, the 政治自我 155
power 权力 101, 103, 118
prisons 监狱 102, 104, 113-118
psychology 心理学 23-25
Psychology from 1850 to 1950《1850—1950年的心理学》25
punishment 惩罚 109-119

Order of Things, The《事物的秩序》61, 75

reality 现实 9
reason 理性 9, 11, 167
  and madness 与疯癫 36
representation 表征 66-69
Rivière, Pierre 皮埃尔·里维耶 108

Sartre, Jean-Paul 让-保罗·萨特 14, 46
science 科学 4, 16-19, 74
self 自我 55-56
sex 性 156-161
sexuality 性经验 121-132, 143-150
  Foucault 福柯 13
  see also homosexuality 另见"同性恋"
Socialism 社会主义 138
soul *see* spirit 心灵,见"精神"
spirit 精神 9, 159

Stalinism 斯大林主义 21
structuralism 结构主义 28，52，88
subjectification, Foucault on 福柯论主体化 4
Surrealism 超现实主义 79

transdiscursive 跨话语 3
truth 真理 17，60，94，166-167
unreason *see* reason 非理性，见"理性"

Verdeaux, Jacqueline 雅奎林·维多 24
Veyne, Paul 保罗·韦恩 27

words 语词 64-65
  see also language 另见"语言"
  image and text 图像与文本
World War Ⅱ 第二次世界大战 7

Zen 禅 134

图画通识丛书

第一辑

伦理学
心理学
逻辑学
美学
资本主义
浪漫主义
启蒙运动
柏拉图
亚里士多德
莎士比亚

第二辑

语言学
经济学
经验主义
意识
时间
笛卡尔
康德
黑格尔
凯恩斯
乔姆斯基

第三辑

科学哲学
文学批评
博弈论
存在主义
卢梭
瓦格纳
尼采
罗素
海德格尔
列维-斯特劳斯

第四辑

人类学
欧陆哲学
现代主义
牛顿
维特根斯坦
本雅明
萨特
福柯
德里达
霍金